Toskana

von Stefan Maiwald

ADAC Top Tipps

Das müssen Sie gesehen haben! Die zehn Top Tipps bringen Sie zu den absoluten Highlights.

ADAC Empfehlungen

Unterwegs gut beraten: Diese 25 ausgesuchten Empfehlungen machen Ihren Urlaub perfekt.

Preise für ein DZ mit Frühstück:
€ | bis 100 €
€€ | bis 200 €
€€€ | ab 200 €

Preise für ein Hauptgericht:
€ | bis 15 €
€€ | bis 30 €
€€€ | ab 30 €

1 Florenz vom Wasser aus

Ein einmaliges Erlebnis: Auf dem Paddleboard geht es auf dem Arno unter dem Ponte Vecchio hindurch. Weil der Fluss sich nahezu immer ruhig und wellenlos zeigt, ist die zweistündige Tour auch für Anfänger geeignet. Der Veranstalter bietet eine Tour zum Sonnenaufgang oder zum Sonnenuntergang an – beides ist gleich romantisch und jenseits des üblichen touristischen Trubels. Am Ende gibt es ein verdientes Glas Chianti. Erfahrene SUP-Reisende können außerdem eine anspruchsvollere Drei-Stunden-Tour auf dem wildromantischen Serchio-Fluss zwischen Lucca und Pisa buchen. Ab 49 Euro.

■ www.toscanasup.org

3-mal draußen

2 Vespa-Tour durch das Chianti

Mit einem italienischen Klassiker durch eine der bekanntesten Weinregionen der Welt. Mehrere Veranstalter bieten geführte Touren an (S. 85, ca. 90 Euro), unser Tipp ist aber, sich individuell einen der legendären Roller zu mieten (ab ca. 50 Euro) und die Umgebung auf eigene Faust zu erkunden – und auch mal die berühmte SP 222 zwischen Florenz und Siena zu verlassen, um unbekanntere Nebenwege zu entdecken. Nahezu überall warten malerische Dörfer, sympathische Trattorien und interessante Winzer.

■ www.tuscany-vespatours.com, www.chiantirental.it

3 Wandern an der Küste der Maremma

Die Toskana kann auch Meer: Bei Arbaspàa, von der deutschen Wein- und Wanderexpertin Catherina Unger gegründet, geht es in einer kleinen Gruppe jenseits der bekannten Pfade an der Küste der Maremma entlang, mal hinauf zu spektakulären Felsklippen, mal hinab zu unberührten Sandstränden. Auf der achttägigen Tour werden auch Kulturdenkmäler, archäologische Stätten, Winzer und Bio-Produzenten besucht, eine Schiffstour auf die Insel Giglio steht ebenfalls auf dem Programm. Allzu anstrengend wird es nie, und am Abend gibt es Spezialitäten wie hausgemachte »Pici«-Nudeln.

■ www.wein-wandern.it

Seite 36

Intro

3-mal draußen ... 2

Impressionen ... 8

Willkommen im ganz realen Märchenland

Auf einen Blick ... 11

Magazin

Panorama ... 12

Das sieht nach Urlaub aus!

Beste Reisezeit ... 18

Frühling, Sommer ... 18/19

Herbst, Winter ... 20/21

So schmeckt's in der Toskana ... 22

In aller Munde ... 25

Einkaufsbummel ... 26

Das perfekte Souvenir ... 27

Mit der Familie unterwegs ... 28

Der Strand: ein Tummelplatz ... 28

Urlaubskasse ... 28

Übernachten mit Kindern ... 29

Kultur in Maßen ... 30

Essen mit Kindern ... 30

Entdeckertouren für Kids ... 31

Leuchtende Augen ... 31

Strand und Meer ... 32

Das süße Strandleben ... 32

Kunstgenuss ... 36

Die Uffizien: Renaissance erleben ... 37

Michelangelo: das entstellte Jahrtausend-Genie ... 39

So feiert Florenz ... 40

Calcio Storico: historische Fußballschlacht

Seite 19

Seite 29

Seite 49

Toskana gestern und heute ... 42
Am Puls der Zeit ... 45

Politik in der Toskana ... 46
Wiege der Anarchie ... 47

Orte, die Geschichte schrieben ... 48
Der Dom – Wahrzeichen von Florenz
Santa Maria del Fiore ... 49

Das bewegt die Toskana ... 50
Vespa: Ikone mit Nostalgiefaktor
Kuriose Vespa-Fakten ... 51

ADAC Traumstraße ... 52
Auf der »Chiantigiana« mitten durch die Weinregion Chianti
Von Florenz nach Greve ... 52
Auf zauberhaften Kurven von Greve bis Castellina ... 53
Von Castellina in die Weinberge ... 55
Über Radda bis Gaiole ... 55
Von Gaiole nach Siena ... 56
Hotelempfehlungen ... 57

Im Blickpunkt

Alles, was gut ist: Kulinarische Spezialitäten der Toskana ... 73
Vom Zauber des David ... 74
Weine der Toskana ... 83
Kampf ums Chianti ... 87
Umstrittenes Rennen: Palio di Siena ... 98
Andere Länder, andere Sitten ... 103
Vampire in Volterra? ... 105
Das Leben und die Liebe ... 110
Natur und Kultur ... 116
Die Wandlung der Maremma ... 124
Das Brückenspiel ... 143
Freskenkunst in Vollendung ... 160
Giorgio Vasari – Architekt, Maler und Biograf ... 162

Unterwegs

ADAC Quickfinder

Das will ich erleben 60

Florenz und Chianti 64

1 Florenz 66
2 Fiesole 80
3 Prato 81
4 Greve in Chianti 83
5 Panzano 85
6 Radda in Chianti 86
7 Castellina in Chianti 87
8 Empoli 88
9 Vinci 89
10 Montecatini Terme 90
11 Pistoia 91
Übernachten 92

Siena und Umgebung 94

12 Siena 96
13 Volterra 104
14 San Gimignano 106
15 Colle di Val d'Elsa 109
16 Certaldo 110
17 San Miniato 112
18 Montepulciano 113
19 Chiusi 115
20 Montalcino 116
21 Pienza 118
Übernachten 119

Elba, die toskanische Küste und das Hinterland 120

22 Elba 122
23 Monte Argentario 123
24 Grosseto 124
25 Castiglione d. Pescaia 126
26 Livorno 127
27 Viareggio 128

Seite 116

28 **Forte dei Marmi** 129
29 **Carrara** 130
Übernachten 132

Pisa und Lucca 134
30 **Pisa** 136
31 **San Giuliano Terme** 144
32 **Lucca** 146
33 **Bagni di Lucca** 151
34 **Cascina** 153
35 **Pontedera** 154
Übernachten 155

Arezzo und der Osten 156
36 **Arezzo** 158
37 **Cortona** 163
38 **Sansepolcro** 165
39 **Poppi** 166
40 **Camaldoli** 167
Übernachten 168

Zu diesen Orten und Sehenswürdigkeiten finden Sie Detailkarten im Innenteil des Reiseführers.

Service

Toskana von A–Z 170

Alle wichtigen reisepraktischen Informationen – von der Anreise über Notrufnummern bis hin zu den Zollbestimmungen.

Festivals und Events 174
Chronik 184
Mini-Sprachführer 185
Alle Blickpunkt-Themen in diesem Band .....
Register 186
Bildnachweis 189
Impressum 190
Mobil vor Ort 192

Umschlag:

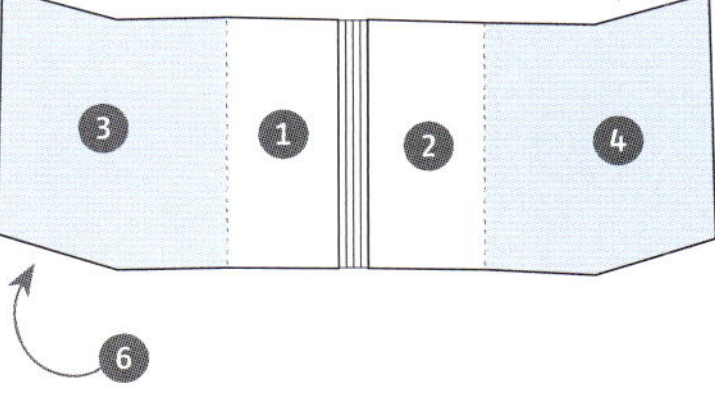

ADAC Top Tipps: Vordere Umschlagklappe, innen 1
ADAC Empfehlungen: Hintere Umschlagklappe, innen 2

Übersichtskarte Toskana Nord: Vordere Umschlagklappe, innen 3
Übersichtskarte Toskana Süd: Hintere Umschlagklappe, innen 4
Stadtplan Florenz: Hintere Umschlagklappe, außen 5
Ein Tag in Florenz: Vordere Umschlagklappe, außen 5

Willkommen im ganz realen Märchenland

In der Toskana vereinen sich Kunst und Kultur in den Städten mit einer wie von Michelangelo entworfenen Landschaft

Blick über die Dächer von Montepulciano hinweg auf die toskanische Landschaft

Die Toskana bringt uns zum Träumen, und die bloße Erwähnung des Wortes lässt sofort Bilder im Kopf entstehen: sanft geschwungene Hügel, Zypressen und Schirmpinien, der Duft nach Lavendel, Thymian und Rosmarin, die schier endlosen Weinberge. Aber auch Kunstschätze im Überfluss, Kirchen und Paläste, Statuen und Fresken, die einst von den größten Genies ihrer Zeit geschaffen wurden und von denen heute viele zum Welterbe der UNESCO zählen. Ein Kunsthistoriker fasste mal eine Erkenntnis seiner Forschungen so zusammen: »Jedes Land hatte seine Höhen und seine Tiefen. Jede Region war einmal kulturell ganz vorn dabei und verschwand dann wieder für Jahrhunderte. Doch die Toskana war immer präsent.« – Und das über Jahrtausende: Schon die Etrusker, die von etwa 900 bis 400 v. Chr. das mächtigste Volk in der Region waren und deren Reich sich im Süden bis nach Kampanien und im Norden bis in die Po-Ebene erstreckte, waren keineswegs jene »Barbaren«, als die sie noch in der klassizistischen Geschichtsschreibung bezeichnet wurden. Heute gehören die beeindruckenden Zeugnisse ihrer Kunst und Kultur

ebenfalls zu dem von der UNESCO geschützten Erbe der Welt.

Sehnsuchtsziel seit jeher

Die Region ist ein Paradies, das alle Sinne befriedigt. Spätestens seit Goethe ist die Toskana ein Sehnsuchtsort, und auch für die Engländer im 19. Jahrhundert, die den modernen Tourismus erfanden, galten Florenz, Pisa, Siena und Lucca als wichtige Stationen ihrer Europa-Tour, die man nach dem Studium und vor der Ehe unternahm. Hier sind nicht nur die Kirchen, sondern ganze Altstädte ein Gesamtkunstwerk. Wie die hohe Kultur schätzt man in der Toskana aber auch das »süße Leben«, das Dolce Vita. Ein guter Chianti Classico oder ein edler Brunello lassen Kennerherzen höher schlagen. Bei der zweifingerdicken »bistecca alla fiorentina« (dem typisch florentinischen gegrillten Steak) schnalzen Gourmets genauso mit der Zunge wie bei landestypischen Pastasorten. Und damit sich die kulinarischen Genüsse nicht zu sehr an den

Die Piazza del Campo in Siena lädt zum Flanieren ein (unten) – Botticellis »Geburt der Venus« ist in den Uffizien in Florenz zu bestaunen (ganz unten)

Hüften ansetzen, hat die Region herrliche Wanderwege durch ein gebirgiges Panorama zu bieten. Aber auch

> *Die Toskana liegt nicht in Italien, sondern Italien liegt in der Toskana.*
>
> *Johann Wolfgang von Goethe, Italienische Reise*

kilometerlange Sandstrände: Berge und Meer – auch das ist die Toskana.

Florenz als Blumenstrauß …

»Wenn Italien, wie die Dichter singen, mit einer schönen Frau vergleichbar, so ist Florenz der Blumenstrauß an ihrem Herzen«, schrieb einst Heinrich Heine. All diese Pracht haben die Florentiner den Medici zu verdanken. Mehr als 300 Jahre lang prägten sie Florenz, Italien und sogar ganz Europa. Um ihrer enormen Macht äußerlich Ausdruck zu verleihen, ließen die Medici prächtige Paläste errichten und förderten die Künste wie die Künstler.

Lange dauerte das Ringen zwischen Florenz und Siena um die Vorherrschaft, bis Florenz sich im 16. Jahrhundert durchsetzte. Und während Florenz bis heute im hellsten Licht der Renaissance erstrahlt, vermittelt Siena noch immer einen imposanten Eindruck vom Leben im Mittelalter. Etwa auf der zentralen Piazza del Campo, auf dem jährlich der weltberühmte Palio di Siena ausgetragen wird.

Authentisch und sympathisch

Pisa war einst ähnlich bedeutend wie Venedig und Genua – eine große Seerepublik. Bis heute zeugen der Dom, das Baptisterium, der Friedhof und

Berge und Meer der Toskana – hier von Portoferraio auf der Insel Elba aus gesehen

nicht zuletzt der Schiefe Turm vom einstigen Ruhm. Mehr als 200 Jahre dauerten die Arbeiten an diesem als Platz der Wunder gerühmten Ort.

Lucca ist vielleicht die sympathischste Stadt der Toskana: authentisch, freundlich und noch nicht völlig von Touristen in Beschlag genommen, auch wenn es gerade an Wochenenden voll werden kann, weil dann auch die Italiener aus dem Umland vorbeischauen.

Die toskanische Region bietet mehr als 300 Kilometer Küstenlinie und besonders im Norden feinste Sandstrände. Viareggio und Forte dei Marmi sind beliebte Badeziele. Heute heißt es überall: »Die Deutschen kommen wieder, und zwar die neue Generation.« Jene, die auf den Spuren ihrer Eltern und ihrer eigenen Kindheit reist. Denn: Wer die Toskana nicht gesehen hat, der hat die Welt noch nicht gesehen.

Hauptstadt *Florenz*

Sprache *Italienisch. In den größeren Urlaubsorten wird auch Englisch und Deutsch verstanden*

Währung *Euro*

Fläche *Knapp 23 000 km² (das ist etwas größer als das deutsche Bundesland Hessen)*

Einwohner *3,7 Mio.*

Bevölkerungsdichte *163 Einwohner pro km² (Deutschland 230/km²)*

Tourismus *44 Mio. Touristen besuchen die Toskana im Jahr. Die meisten kommen aus Deutschland, den USA und aus Frankreich*

Verwaltung *Die Toskana ist (inklusive der Metropolregion Florenz) in zehn Provinzen gegliedert*

Religion *Überwiegend römisch-katholisch*

Sprachliche Eigenart *Im toskanischen Dialekt (auf dessen Grundlage die italienische Schriftsprache standardisiert wurde) werden alle K-Laute »geröchelt«: Der berühmte Softdrink heißt Chocha-Chola.*

Sprichwörter

»A tavola non s'invecchia« – Bei Tisch bleibt man jung

»Il pesce vuole nuotare tre volte: nell' acqua, nell'olio e nel vino« – Der Fisch will dreimal schwimmen: im Wasser, im Öl, im Wein.

Magazin

Die Region Toskana ist in eine sanft-hügelige Landschaft eingebettet, die von Weinbergen und Olivenhainen, Pinien und Zypressen geprägt ist, aber auch schöne Strände aufweist. Die Städte – allen voran Florenz, Siena und Pisa – schmücken sich mit überwältigenden Kunstschätzen. Hinzu kommen südliche Lebensart und eine exquisite Küche. Kurzum: Die Toskana hat alles im Überfluss.

Von der Natur reich gesegnet: Die Toskana kann sich auch wunderschöner, weitgehend naturbelassener Strände rühmen. Mit unzähligen Buchten, langen sandigen Strandabschnitten und kristallklarem Wasser wartet beispielsweise der Golf von Follonica auf, darunter die von Pinienwäldern gesäumte Bucht Cala Civette nahe Punta Ala.

Ein Bilderbuchblick, den jeder Florenz-Besucher für immer bewahren möchte. Nirgendwo breiten sich Stadt und Fluss so eindrucksvoll vor einem aus wie vom Aussichtspunkt Piazzale Michelangelo: Zur Linken führt der berühmte Ponte Vecchio über den Arno, ein Stück weiter rechts ragen Palazzo Vecchio und der Dom Santa Maria del Fiore mit seiner berühmten Kuppel in den Himmel.

Beste Reisezeit Toskana

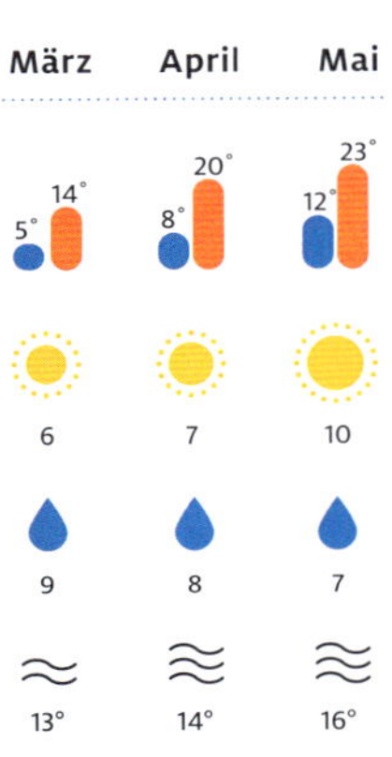

Die Bedeutung der Symbole:
(Angaben sind Mittelwerte)

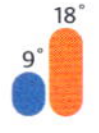

Temperatur min./max.

Sonnenstunden/Tag

Regentage im Monat

Wassertemperatur

FRÜHLING

Die Jahreszeit, in der von Museumsbesuchen bis Wandern einfach alles möglich ist, weil sich das Klima von seiner angenehmsten Seite zeigt.

Stadtbesichtigungen, Shopping-Trips, Landpartien oder Aktivurlaub. Ab Mitte Mai sind durchaus schon Badeferien möglich. Radfahrer lieben es, nun durch die hügelige Landschaft zu fahren, Wanderer bevölkern die gut ausgeschilderten Wege.

Achtgeben sollten Sie vor den vielen Brückentagen im Frühling, die die Region ganz schnell voll werden lassen können. Wer beispielsweise über den ersten Mai, Christi Himmelfahrt oder in den Pfingstferien in die Toskana reisen will, sollte sich unbedingt rechtzeitig um ein Hotel kümmern – und muss teilweise auch mit höheren Preisen rechnen. Ob nun »Brückenbauer« oder nicht: In jedem Fall werden Frühjahrsreisende mit einer grünen Pracht belohnt. Besonders in den Weinbergen und den Hügeln des Chianti zeigt sich der Frühling in satten, belebenden Farben. In den Straßen der Städte stellen die Café-Besitzer die Tische auf die Straße, die Plätze beleben sich wieder bis in den Abend hinein. Der erste Aperitivo im Freien freut die Erwachsenen, das erste Schokoladeneis des Jahres lässt Kinderaugen leuchten. Es ist ein Erwachen, das überall für gute Stimmung sorgt.

Bereits im Frühjahr erlauben es die Temperaturen, in den Straßencafés zu sitzen

Lauschige Felsenbuchten am Monte Argentario laden zum Baden ein

SOMMER

Jetzt ist die richtige Zeit für Strand- und Badefreuden. Genießen Sie die herrliche Küste!

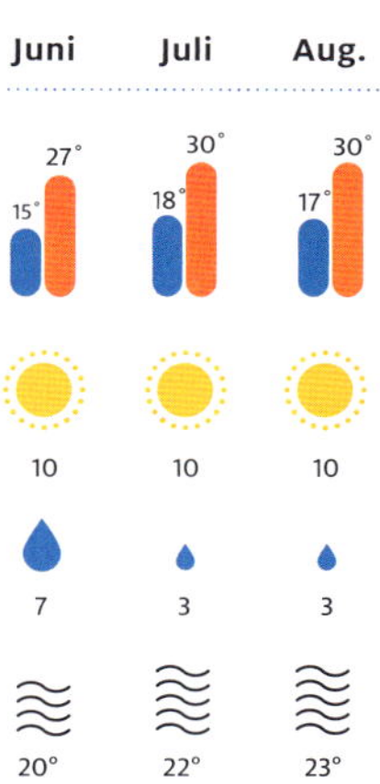

Badeurlaub etwa in Forte dei Marmi, Viareggio oder weiter im Süden an den Küstenorten der Maremma ist das Beste, was Sie im heißen toskanischen Sommer tun können. Die vielen Beach Clubs mit ihrem etwas abblätternden Achtzigerjahre-Charme sorgen für sorglose Tage unter südlicher Sonne – und mittags gibt es Pasta, die Sie mit den Füßen im Sand genießen können. Zeit für eine Tour ins beschauliche Hinterland können Sie ja dennoch einbauen.

Achtung, Florenz kann im Sommer wegen seiner Kessellage unerträglich stickig werden; kaum eine andere Stadt Italiens leidet ähnlich unter heißen Sommern. Falls Sie dorthin einen Tagesausflug machen, denken Sie an Sonnenschutz und ausreichend Wasser – und rechnen Sie, falls Sie Nachwuchs haben, mit quengelnden Kindern. In den ersten beiden Augustwochen machen in den Städtchen und Dörfern im Hinterland auch Gastronomen gern Urlaub – rund um »Ferragosto«, den 15. August, ist ganz Italien am Meer oder in den Bergen. Wer kann, sollte diese beiden Wochen meiden. Nicht nur wegen des Trubels in den Ferienorten, auch die Hotelpreise ziehen heftig an, und in den Restaurants sind die Tische oft ausgebucht. »Ferragosto« ist nur denjenigen zu empfehlen, die sich vor Ort schon gut auskennen. Ansonsten sollten Sie die hochsommerliche Reise am besten im Juli oder Ende August antreten.

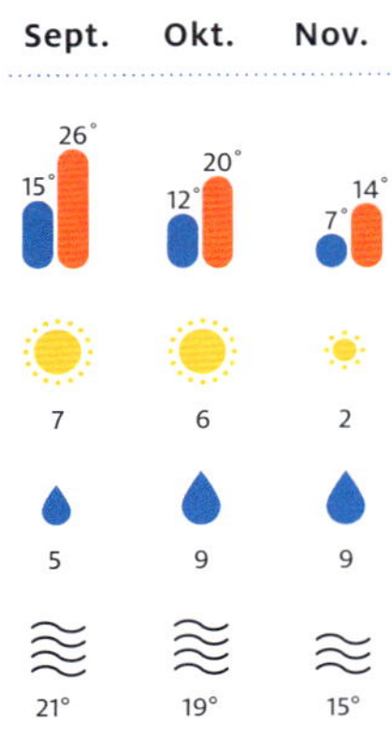

HERBST

Pilze, Trüffel, Gemüse, Wild: Alles Gute hat jetzt Saison. Auch der menschliche Organismus ist darauf programmiert, sich nun auf den Winter vorzubereiten.

Der Körper hat jetzt mehr Hunger ... Welche Ausrede braucht der Mensch noch, um sich dem Schlemmen hinzugeben? Der Herbst ist bestimmt die beste Zeit für jene Genießer, die sich die Toskana vor allem kulinarisch erschließen wollen. Die Natur liefert dafür den perfekten Hintergrund: Die Farben sind spektakulär und anregend. Der eine oder andere Schauer verstärkt dieses Gefühl eher noch – wie gut ein Wald oder ein Weinberg nach einem heftigen Regenguss doch duftet! Wer im Spätherbst reist, darf sich auf stimmungsvolle Abende in den ländlichen Restaurants freuen, wenn die Holzscheite im Kamin knistern. Allerdings ist der Herbst auch Schwerstarbeit – nämlich für die Winzer. Wer von Weingut zu Weingut fährt, um sich den Kofferraum mit flüssigen Köstlichkeiten vollzuladen, sollte Verständnis dafür haben, dass die Winzerfamilie bei aller Gastfreundschaft wegen ihrer 16-Stunden-Tage kaum Zeit für ausführliche Erklärungen hat. Besser beraten sind Weintouristen, wenn sie sich in den zahlreichen Weinhandlungen bestücken, wo sie sich über kompetente Beratung und den einen oder anderen Schluck zum Kosten und Vergleichen freuen können.
Auch Stadt- und Aktivurlaube sind im Herbst problemlos möglich. Bis in den Oktober hinein kann noch gebadet werden, auch Wanderer und Radler sind wieder eifrig unterwegs. Tipp für Sparer: Ab November lassen die Hotelpreise spürbar nach.

Wie mit dem Weichzeichner: Die Landschaft hat sich in ihr Herbstkleid gehüllt

Die graue Jahreszeit ist wie geschaffen für einen Besuch in den Uffizien in Florenz

WINTER

Kühlere Temperaturen sind ideal für einen Städteurlaub mit Museumsbesuchen. Und außerhalb der Saison sind die Schlangen selbst vor den Uffizien kurz.

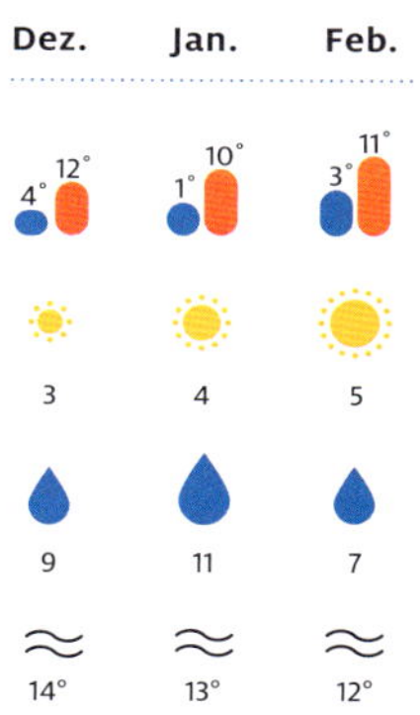

Besonders Florenz, Siena, Lucca und Pisa lohnen zu dieser Jahreszeit den Besuch. Jetzt kommt die Toskana zur Ruhe, erholt sich von dem Ansturm der Touristen, der nun endlich abebbt. In den Cafés, Bars und Restaurants hört man beinahe ausschließlich den toskanischen Dialekt. Wer auf der Suche nach der authentischen Toskana ist, der reist am besten im Winter.

Nun ist die Zeit ideal, um sich den atemberaubenden Kunstsammlungen zu widmen, den Kirchen und ihren Kunstschätzen, den vielen Museen, die von der Frühzeit der Etrusker über das römische Erbe bis zur Renaissance und der Moderne mit einer Üppigkeit aufwarten, mit der kaum eine andere Region dieser Welt mithalten kann. Die Hotels bieten zudem im Winter oft äußerst günstige Pauschalen – mit der Ausnahme des Wochenendes rund um den 6. Januar, der in ganz Italien Feiertag und daher ein beliebtes Zeitfenster für Kurzurlaube ist. Auch ein Aufenthalt über Silvester kann spannend sein, weil sich viele Hotels besondere Menüs und Feste ausdenken, und in den kleinen Dörfern wird oft ausgelassen auf der Piazza gefeiert, mit Livemusik und Feuerwerken. Silvester etwa in Florenz kann dagegen ein arges Gedränge werden und ist nicht jedermanns Sache. Der Winter kann auch dazu dienen, auszuspannen und sich in Form zu bringen. Es gibt kaum etwas Wohltuenderes als ein Bad in den heißen Schwefeltermen von Saturnia, wenn das Thermometer Minusgrade anzeigt. Anschließend noch eine Massage, und Sie fühlen sich, als könnten Sie Bäume ausreißen.

Gut bestückt mit Schinken und Käse aus heimischer Produktion: der Mercato Centrale in Florenz

Vielfältig, gut und unverkünstelt

Kaum eine Region dieser Welt kann mit den kulinarischen Köstlichkeiten der Toskana konkurrieren. Zudem beeindruckt die toskanische Küche mit ihrer Schlichtheit und versteckt sich nicht hinter Schäumchen und sonstigem Chichi.

LEIBLICHE GENÜSSE VOM FEINSTEN

Der berühmte Chianti Classico mit dem Emblem des »gallo nero« (schwarzer Hahn), die bis zu sechs Zentimeter dicke »bistecca alla fiorentina«, Teigwaren wie »pici« und Pappardelle, die Spitzenweine aus der Maremma, der Duft nach Lavendel, Thymian und Rosmarin – die Toskana bietet viele Gaumenfreuden. Der Chianti Classico erfährt übrigens gerade eine Rückbesinnung. Winzer wie San Giusto, Castell'in Villa, Poggerino und Monsanto stellen den Chianti Classico wieder bewusst traditionell her, um sich nicht im Mainstream der Fruchtigkeit zu verlieren, die den Weltmarkt auszeichnet. Das macht die Weine interessanter, aber auch komplexer und weniger zugänglich. Manchem Wein-Neuling mag es nicht sofort schmecken. »Mit der Tradition sind wir dem Markt allerdings ein paar Schritte voraus«, betont Riccardo Porciatti, der die Enoteca Casa Porciatti in Radda betreibt. »Bei Verkostungen wird schon mal empört ›sauer, sauer!‹ geschrien.« Seinem

Vater Luciano gehört die beste »macelleria« des Chianti, am Ortseingang von Radda.
Die Tradition der Toskana zeigt sich auch bei Filippo Saporito. »Bei mir standen nie Hummer oder Foie Gras auf der Karte«, sagt der Besitzer der Leggenda dei Frati in Florenz (S. 78). Für die Erdung des preisgekrönten Chefkochs sorgte seine Mutter, eine der ersten Umweltschutz-Aktivistinnen der Toskana. »Sie brachte schon uns Kindern ein gesundes Misstrauen vor Supermärkten bei. Unser Kaninchen für den Sonntagsbraten holten wir direkt vom Bauern. Für mich waren Produkte aus der Umgebung immer das oberste Gebot. Selbst wenn Fisch auf die Karte kommt, achte ich darauf, dass er mit toskanischem Dialekt spricht.«

ES GIBT AUCH FISCH!

Toskanische Küche ist keinesfalls nur fleischlastig. Eine Spezialität ist »cacciucco«, die typische Fischsuppe von Livorno. Fische und Meeresfrüchte werden in einem kräftigen Tomaten-Fischfond gekocht und auf geröstetem Weißbrot angerichtet. Auch im Restaurant La Perla del Mare in San Vincenzo huldigt Spitzenköchin Deborah Corsi Fisch und Meeresfrüchten, etwa bei ihrem berühmten »raviolo trasparente« mit Krebsfleischfüllung. Der Nudelteig (ohne Ei!) wird sanft gegart und auf einem Gemüsebett serviert. Dass die toskanische Küche relativ fischarm ist, hat historische Gründe. Zum einen waren weite Teile der Maremma-Küste Sumpfland, das durch die Malariamücke über Jahrhunderte unbewohnbar blieb. Zum anderen fielen osmanische und nordafrikanische Piraten immer wieder über die Küsten Italiens her. Im Hinterland lebte es sich daher sicherer, was dazu führte, dass so viele malerische Küstenorte so heftig befestigt wurden. Noch Goethe hatte auf seiner Italien-Reise Angst vor den Piratenschiffen.

Ein herzhafter Genuss: die Livorneser Fischsuppe »cacciucco«

SCHNELLER HAPPEN UND GROSSES SCHLEMMEN

Zum Frühstück gibt es einen »caffè« oder einen Cappuccino, dazu eine Brioche. Das muss reichen. Mittags

Das historische Gemäuer von San Gimignano bietet die ideale Kulisse für eine gemütliche Einkehr

wird auch eher zurückhaltend gegessen. Eine Ausnahme ist der Sonntagmittag, der traditionell der Familie gehört und familienübergreifend gefeiert wird, entweder an der großen Tafel daheim oder im Restaurant. Unter der Woche aber gibt es zur Mittagszeit eher einen schnellen Happen: Toast, Salat oder besonders in Florenz die gewöhnungsbedürftigen »trippe« (Kutteln), das Leibgericht vieler Städter. Den Rindermagen, der meist von fliegenden Händlern (»trippai«) verkauft wird, gibt es entweder »alla fiorentina« (mit Tomatensauce), oder er wird im Brötchen serviert und heißt dann »lampredotto«.

Am Abend aber wird geschlemmt. Königin der Küche ist die »bistecca alla fiorentina«, ein gewaltiges gegrilltes Steak, das selten unter einem Kilo wiegt und von den heimischen Chianina-Rindern stammt. Doch mag auch die toskanische Küche viel Fleisch beinhalten, müssen selbst Vegetarier keine Sorgen haben: Traditionell nimmt Gemüse in der italienischen Küche eine wichtige Stellung ein, und die Auswahl an frischen, saisonalen pflanzlichen Produkten ist groß. Im Herbst sind beispielsweise Nudeln mit frischen Steinpilzen eine beliebte Köstlichkeit.

WEINTIPPS JENSEITS DES CHIANTI

Ob Vegetarier oder nicht, auf den toskanischen Wein können sich wohl alle einigen. Italiener trinken Wein gern als Begleitung zum Essen, aber selten zwischendurch oder danach. Sofern Sie im Urlaub nicht Auto

fahren müssen, geben Sie sich ruhig dem Genuss hin. Neben dem Chianti Classico, der zum großen Teil aus der Sangiovese-Traube besteht, und dem reinsortigen (und teureren) Edel-Sangiovese Brunello di Montalcino gibt es natürlich auch noch die Supertoskaner, die in der Maremma rund um das Weinörtchen Bolgheri wachsen – exzellente Weine nach französischer Art etwa von Sassicaia und Ornellaia, Cuvees meistens auf der Grundlage von Cabernet Sauvignon, die in Eichenfässern heranreifen und zu den prestigereichsten italienischen Weinen gehören. Entsprechend heftig sind die Preise. Wer guten toskanischen Wein trinken will, ohne allzu viel zu bezahlen, sollte den Vernaccia probieren, einen sommerlichen-leichten, dennoch interessanten Weißwein, der rund um San Gimignano wächst.
Nur die Sache mit dem Brot ist äußerst gewöhnungsbedürftig. Toskanisches Brot schmeckt überraschend fade. Es wird nämlich traditionell ohne Salz gebacken. Seine Stärke zeigt es aber dann, wenn man es zum Tunken der würzigen florentinischen Saucen verwendet.

In aller Munde

Pappardelle

Italienische Regionen definieren sich nicht nur über ihre Sehenswürdigkeiten, sondern auch über ihre Nudeln. Die Pappardelle sind die typischen toskanischen Teigwaren. Diese bis zu zwei Zentimeter breiten Bandnudeln passen hervorragend zum Wildschweinragout, die erklärte Leibspeise von Jung und Alt in der Toskana. In jedem Fall brauchen sie wegen ihrer Größe einen kräftigen Widersacher auf dem Teller. Zarte Venusmuscheln würden bei dieser Pasta-Art kapitulieren. Pappardelle sind auch ein praktisches Mitbringsel, sollten aber auf der Reise möglichst kühl und dunkel gelagert werden, da sie fast immer mit Ei gemacht werden und daher nicht so lange haltbar sind wie herkömmliche Pasta aus »Grano Duro«-Weizen.

Pappardelle sind der ideale Begleiter zu Hasen- oder Wildschweinragout

Der Antiquitätenmarkt von Arezzo ist eine Fundgrube für Kunst und Trödel

Toskanische Schätze

Stoffe, Schuhe, Leder, Wein, Antiquitäten, Köstlichkeiten – die Auswahl ist groß, die Preise sind allerdings selten niedrig. Die Toskana ist ein Shopping-, aber nur selten ein Schnäppchenparadies.

Und wer die beste Auswahl haben will, kommt um Florenz nicht herum. In der Via dei Servi, der Via del Proconsolo und dem Borgo degli Albizi darf man die Fähigkeiten der italienischen Haute Couture bestaunen, aber es finden sich durchaus interessante Secondhand-Läden (etwa die legendäre Officina Vintage, in dem auch Hollywoods Requisiteure einkaufen), und in fast allen Boutiquen bekommen auch junge einheimische Designer eine Chance.

Eine jahrhundertealte Tradition hat in der Toskana die Lederverarbeitung. Wer tiefer in die Materie eintauchen und den Spezialisten bei ihrer Arbeit über die Schulter blicken möchte, sollte einen Abstecher zur Scuola del Cuoio (Via San Giuseppe 5r) machen. In dieser Schule kann man beim Unterricht zusehen und erhält Erklärungen zu den jeweiligen Arbeitsschritten, zum Beispiel wie Leder zugeschnitten wird. Und natürlich kann man nach dem Besuch fertige Stücke zu vernünftigen Preisen erwerben.

Echte Schnäppchen und ausgefallene Designerstücke finden sich im Oltrarno, dem südlichen, ursprünglichen Stadtteil von Florenz. Künstler und Designer offerieren vor allem in der Via Romana und in der Via Santo Spirito ihre Kreationen, von hip über raffiniert bis extravagant. Eine Rückkehr aus der Toskana ohne Wein im Kofferraum wäre geradezu ein Frevel. Wenig Zeit? Ersparen Sie sich die anstrengende Reise zum Winzer und kaufen Sie direkt in den zahlreichen Weinhandlungen etwa in Siena, Radda oder Greve – dort liegt die Enoteca Falorni (S. 85), in der Sie den Wein auch glasweise mit Chipkarte kosten können. Entgegen weitverbreiteter Gerüchte sind die Weine in den Geschäften übrigens nicht teurer als beim Erzeuger.

Wer Trubel und Feilschen mag, sollte sich den Antiquitätenmarkt von Arezzo nicht entgehen lassen, einen der größten des Landes (jedes erste Wochenende im Monat, siehe S. 158). Natürlich gibt es dort auch originelle Souvenirs fürs kleine Reisegepäck. Überhaupt sind die Märkte – jedes Städtchen hat seinen Markttag – ein hervorragender Ort besonders für kulinarische oder kitschige Mitbringsel.

Das perfekte Souvenir

Die Toskana wirkt nicht nur auf Künstler inspirierend, sondern weckt auch bei Urlaubern die Kreativität. Das ideale Mitbringsel – ob als Geschenk oder für sich selbst – ist die **»carta fiorentina«**, bildschönes Papier jeder Stärke mit marmorierter Musterung und in ganz Italien berühmt. Die Technik des Marmorierens ist schon viele Jahrhunderte alt und stammt vermutlich aus Asien; jeder Bogen ist ein Unikat, da sich die Muster nie exakt wiederholen lassen. Besonders reizvoll sind Notizhefte und -bücher mit Umschlagseiten aus **Marmorpapier**, und in seiner dünneren Variante ist es ein originelles Geschenkpapier. »Carta fiorentina« lässt sich zu vielen Zwecken nutzen, etwa als Postkarte, Briefpapier oder als Verpackung in Schachtelform. Beim Kauf sollten Sie darauf achten, dass es sich um echtes Marmorpapier handelt und nicht um den preiswerteren, industriell hergestellten Massenfarbdruck. Eine gute Auswahl gibt es in Florenz bei Il Papiro in der Via de' Guicciardini 47, aber auch in vielen anderen Schreibwarengeschäften der größeren Städte.

Bildschön: handgefertigtes Marmorpapier

Kinder willkommen! Bambini benvenuti!

Die Toskana macht auch mit Kindern und Jugendlichen Spaß – allerdings sollten Eltern auf ein paar typische Eigenheiten der Region achten.

DER STRAND: EIN TUMMELPLATZ FÜR KIDS

Noch nie hat sich ein Kind an einem sommerlichen Sandstrand gelangweilt. Zwar ist das Wasser an der toskanischen Küste nicht adriatisch flach, aber heftige Wellen und Strömungen sind selten. Die vielen Beach Clubs bieten ein Bistro, vernünftige Sanitäranlagen und einen »bagnino«, der ein Auge auf die Badegäste hat. Für Babys gibt es Wickelkabinen, für Kinder Spielplätze im Sand, zudem wird ein Animationsprogramm für jedes Alter geboten, und Jugendliche können sich bei Strandkonzerten und Disco-Abenden vergnügen. Achtung: Beach Clubs mit Eintritt, Sonnenschirm und Liegen sind ein Kostenfaktor, der vor dem Urlaub bedacht werden sollte – einsame Badebuchten für Individualtouristen sind in der Toskana eine Seltenheit. Dafür stimmt der Service, die Kinder sind im Schatten und sicher.

Die Strände rund um die Halbinsel Monte Argentario gelten noch als Geheimtipp

URLAUBSKASSE – VIELES GIBT'S FÜR FAMILIEN GÜNSTIGER

Familien können mit erheblichen Nachlässen im öffentlichen Nahverkehr, aber auch in Museen und anderen

Zwei, die zusammengehören: der Dom zu Pisa und sein Campanile, besser bekannt als »Schiefer Turm von Pisa«

Kulturstätten rechnen. So bieten die Busse in Florenz und in anderen Städten Familientickets an, die für den ganzen Tag gelten – und manchmal sogar noch länger (www.at-bus.it).

Auch bei Museumseintritten sind Familien mit Kindern im Vorteil. Zudem ist für Kinder unter sechs Jahren der Eintritt fast überall frei, weitere typische Ermäßigungsstufen sind unter 14 und unter 18 Jahren. Preisbeispiel des (kindgerechten) Museo Leonardiano (S. 90) in Vinci: voller Eintritt 11 Euro pro Person, Jugendliche bis 18 Jahre 8 Euro, Kinder bis 6 Jahre gratis; Familien mit einem Kind zahlen 26 Euro, mit zwei Kindern 34 Euro, mit drei Kindern 42 Euro.

Die meisten Kirchen und Sehenswürdigkeiten bieten ebenfalls reduzierte Tarife an, leider aber nicht der Schiefe Turm von Pisa (S. 137). Kinder ab 8 Jahren (vorher dürfen sie nicht hoch) zahlen wie Erwachsene 18 Euro.

ÜBERNACHTEN – WO KINDER UND ELTERN SICH WOHLFÜHLEN

Die Toskana ist wie ganz Italien ein kinderfreundliches Reiseziel. Auch in Hotels sind Kinder gern gesehen. Allerdings gibt es eine wichtige Ausnahme: In einigen Spa-Hotels und Häusern der gehobenen Kategorien kann es sein, dass beispielsweise der Pool für Kinder verboten ist, wohlgemerkt auch in Begleitung der Eltern. Hier sollten Sie sich vorab erkundigen, um Enttäuschungen vorzubeugen.

Straßenkünstler bringen zusätzlich Magie auf die Plätze und Straßen von Florenz

Viele historische Hotels in den Altstädten verfügen über eher kleine Zimmer; mit Zustellbett kann es eng werden, an eine Schlafcouch zum Ausziehen ist nicht zu denken, auch Familiensuiten oder korrespondierende Zimmer sind selten. Hier kann es besser sein, ein Apartment zu mieten – oder einen geräumigen Agriturismo außerhalb, der im Allgemeinen auf Familien spezialisiert ist.

KULTUR GEZIELT – WENIGER IST MEHR

Kultururlaub mit Kindern und Jugendlichen kann schwierig werden; mehr als ein Museum pro Tag sollten Sie nicht einplanen. Zudem sind leider wenige Museen in der Toskana kindgerecht gestaltet, wenngleich mittlerweile ein Umdenken bei den Kuratoren stattfindet. In jedem Fall haben sich Kinder nach einem absolvierten Rundgang ein Eis verdient.
Achtung: Auch wenn die Plakate viel Thrill versprechen – die Foltermuseen in San Gimignano und Volterra sollte man Kindern auf keinen Fall antun, der Blick in die menschlichen Abgründe ist allzu düster.
Achten Sie bei einem Städteausflug unbedingt aufs Wetter. Nicht nur Florenz kann im Sommer unerträglich heiß werden, auch in Pisa findet man rund um den Schiefen Turm wenig Schatten und steht gegebenenfalls lange in der Sonne an. Packen Sie Sonnenschutz und Wasser ein.

ESSEN – PINOCCHIOTELLER, PER FAVORE

Essen mit Kindern ist in der Toskana kein Problem, da die Gerichte hier erfahrungsgemäß äußerst »kinderkompatibel« sind. Pasta mit Fleischragout oder Pizzen aller Art stellen auch schwierige Esser zufrieden – und zum Nachtisch gibt es ein gutes hausgemachtes Eis. Halbe Portionen stehen in vielen Restaurants auf der Karte, sonst kann man auch halbe Portionen bestellen, die dann tatsächlich nur zum halben Preis abgerechnet werden (gilt auch für kleinere Pizzen). Auf Sonderwünsche wird in der Regel ebenfalls eingegangen.
Die Essenszeiten sind etwas später als in Deutschland, aber gerade Pizzerien haben in der Regel früher geöff-

net, so dass der Rhythmus von daheim beibehalten werden kann. Im Sommer passen sich die Kinder aber oft den späteren Zeiten an – wer hat um 18 Uhr, wenn es noch schön warm ist und die Sandburg noch nicht fertig gebaut ist, schon Hunger?

GROSSE STADT FÜR KLEINE BESUCHER

Auch ein Bummel durch Florenz kann für Kinder spannend sein. Denn mitten auf der Piazza della Repubblica steht das wunderschöne, reich verzierte Karussell (S. 77), das sich schon seit Beginn des 20. Jh. dreht und seit fünf Generationen von derselben Familie betrieben wird.

Blickfang im Trubel der Piazza della Repubblica: das nostalgische Kinderkarussell

Teenager lieben das Computerspiel »Assassin's Creed«, das weltweit rund 100 Millionen Mal verkauft wurde. »Assassin's-Creed«-Touren (Dauer: 2–3 Std., auch auf Deutsch) führen die Kids u. a. zum Dom (S. 69), zum Palazzo Pitti (S. 77) und in die Kirche Santa Maria Novella (S. 72) – überall, wo der historische Protagonist Ezio Auditore seine Abenteuer erlebte. So erfahren die Kids viel über die Stadtgeschichte. Buchungen u. a. bei www.sunflorencetours.it, ab 25 Euro.

Bei schönem Wetter, wenn Ihre Sprösslinge draußen toben wollen, ist der Giardino di Boboli (S. 78) der geeignete Tummelplatz. Die Skulpturen, Brunnen und Grotten wecken obendrein die Neugier von Groß und Klein. Und während die Eltern sich an der Gartenkunst erfreuen, haben die Kinder viel Spaß im Grünen.

Leuchtende Augen

Das mögen auch Museumsmuffel! Das **Museo di Storia Naturale »La Specola«** (S. 78) in Florenz wurde 1775 gegründet und befindet sich immer noch am damaligen Ort. Es ist eines der ältesten wissenschaftlichen Museen der Welt und beherbergt eine der größten Sammlungen in Italien mit mehr als 5000 Exponaten in 34 Ausstellungsräumen. Hinzu kommen Knochen und Überreste von rund 3,5 Millionen Tieren, darunter Großvögel, Fische, Schmetterlinge sowie ein Faszinosum: ein ausgestopftes Nilpferd, das von den Medici wie ein Haustier gehalten und gefüttert wurde. Nicht minder eindrucksvoll die Skelette von Walen, Giraffen und Elefanten. Europaweit einmalig sind im Zoologischen Museum die Wachsfiguren, die einst der Ausbildung von Ärzten und Chirurgen dienten – hier ist zu überlegen, ob man diese den Allerkleinsten nicht besser ersparen sollte ...
Via Romana 17, derzeit wegen umfangreicher Restaurierungsarbeiten geschlossen.

Paradiesisch muten die weißen Strände von Rosignano Marittimo in der Provinz Livorno an

Das süße Strandleben

Für viele Italiener ist der Strand ein zweites Zuhause. Die Kinder haben von Mitte Juni bis Mitte September Sommerferien, und vielerorts ist es noch heute üblich, dass sie mit Mama, Oma oder Tante in dieser Zeit komplett ans Meer umsiedeln.

SOMMER UND FERRAGOSTO

Der Vater (oder die berufstätige Mutter) kommt am Wochenende dazu, und der August wird dann natürlich gemeinsam unter dem Sonnenschirm verbracht. Der Feiertag »Ferragosto«, der 15. August, in Deutschland als Mariä Himmelfahrt bekannt, ist in Italien ebenfalls heilig: Wer nicht gerade im Gastgewerbe arbeiten muss, liegt an diesem Tag auf einem Badetuch. Daher zwei Warnungen: Erstens wird es an jenem Tag – und in der Woche, die auf diesen Tag hinführt – sehr voll. An »Ferragosto« wird es aber auch sehr nass. Denn an vielen Stränden kommt es traditionsgemäß zu Wasserschlachten, und irrlichternde Geschosse wie mit Wasser gefüllte Luftballons, Eimer oder Einkaufstüten können auch unbeteiligte Urlauber treffen. Also aufpassen, dass das Handy wasserfest verstaut ist!

Wenn auch die moderne Arbeitswelt und knappere Familienkassen diesem allzu ausufernden »dolce far niente« immer mehr entgegenstehen: Der Strand ist definitiv nichts, was ein Italiener nur ein paar Tage im Jahr sieht, sondern integraler Bestandteil der Freizeitgestaltung. Die Toskana mit ihren 350 Küstenkilometern ist dabei besonders beliebt.

ELEGANZ AM STRAND

Das italienische Strandleben ist eine eigene Welt. Das erklärt, warum viele Italiener am Strand immer so elegant aussehen. Sie laufen nicht in alten Flip-Flops und ausgebeulten Shirts herum, die man sich doch eher für die Gartenarbeit aufheben sollte. Die Herren tragen Mokassins, dazu ein frisches, bis zu den Ellenbogen aufgekrempeltes Hemd, die Damen weite, luftige Kleider, die nebenbei auch geschickt eventuelle Pölsterchen verbergen. Direkt in Badehose zum Strand – das kommt allenfalls für Kinder in Frage. Auch für den Snack an der Strandbar gehört es sich, zumindest ein Hemd und eine trockene Badehose anzuziehen. Die Italiener zelebrieren die Strandtage, warum sollten Touristen das nicht auch tun?

Reisende aus dem Norden, für die der Strand etwas Außergewöhnliches ist, tappen schnell in einige Fallen. Erstens wird an den ersten Urlaubstagen immer die Sonne unterschätzt. Selbst bei bewölktem Himmel kann man sich einen kräftigen Sonnenbrand holen. Zweitens reicht eine Flasche Wasser nicht für die ganze Familie aus. Man sollte sich entweder frühzeitig bestücken oder nicht am falschen Ende sparen und die Strandbar aufsuchen. Was uns zum Thema Alkohol führt, der in der Hitze heftig wirken kann. Daher sollte, drittens, dieser tagsüber nur sehr mäßig konsumiert werden, auch wenn die Vorstellung eines bunten Cocktails unter dem Sonnenschirm allzu verlockend ist. Italiener nehmen oft große Kühlboxen mit an den Strand, die einen perfekten Snack für die ganze Familie enthalten. Und: Wer einmal einen Hochsommertag am Strand verbracht hat, wird die Erfindung der Siesta schätzen. Italiener ziehen sich in der Mittagszeit gern in die kühle Wohnung oder ins Hotel zurück. Gerade für kleine Kinder ist diese Pause wichtig, aber auch

Früh übt sich: ein Sandburgenbauer am flachen, kinderfreundlichen Strand

Beschirmt und verwöhnt wird man in den Beach Clubs am beliebten Strand Fetovaia auf Elba

ältere Leute riskieren Schwächeanfälle, wenn sie der windstillen Mittagshitze trotzen wollen.

Ob Forte dei Marmi, Viareggio, Castiglioncello, San Vincenzo, Castiglione della Pescaia oder Elba: Die meisten Badestrände der Toskana sind mit Beach Clubs versehen. Das heißt, dass der Zugang zum Meer ein paar Euro kostet, ebenso der Sonnenschirm und die Liegen. Die Preise variieren stark je nach Saison; falls Sie in einem Hotel wohnen, fragen Sie dort nach günstigen Paketen, möglicherweise kooperiert das Hotel mit einem der Beach Clubs. Auf manche Deutsche wirkt dieses Strandkonzept immer etwas abschreckend, aber man sollte die vielen Annehmlichkeiten nicht unterschätzen: Sicherheit durch Badeaufsicht, Sauberkeit, sanitäre Anlagen und Duschen, eine Bar mit kühlen Getränken, Eis und oft einer kleinen Speisekarte, und natürlich Sonnenschirme und Liegen, die nicht erst mühsam herangeschleppt werden müssen. Auch das Auto steht im Schatten. Tipp: Geben Sie dem »bagnino« am ersten Tag ein kleines Trinkgeld, dann werden Sonderwünsche, etwa eine Extra-Liege, umstandslos und zumeist ohne Aufpreis erledigt.

SPORTLICH ODER NOSTALGISCH?

Welcher Strand ist der richtige? Wer unbeschwerten Badeurlaub sucht und sich nicht mit allzu viel Beiwerk abgeben will, ist beispielsweise in Forte dei Marmi bestens aufgehoben. Feinster, kilometerlanger Sandstrand, abgetrennte Radwege, Spaß und Sport für die ganze Familie – hier kommt man tiefbraun und glücklich aus dem Urlaub zurück.

Wer hingegen den mondänen, etwas abblätternden Charme vergangener Zeiten genießen will, sollte Castiglioncello und seine Nachbargemeinden wählen (in Vada gibt es auch schöne Campingplätze). Schmucke Villen, Pinienalleen, Galerien – alles erinnert ein wenig an die Côte d'Azur. Maler lieben den Ort, und es hat sich sogar eine eigene Schule herausgebildet, die sogenannten Macchiaioli, die sich Mitte des 19. Jh. für den Realismus einsetzten und einfache Menschen bei ihrer Arbeit malten – etwa Fischer, die ihre Netze flicken.

KULTUR UND KULINARIA IN STRANDNÄHE

Wer Kunst, Kultur und gutes Essen schätzt, sollte Castiglione della Pescaia in Erwägung ziehen. Ganz in der Nähe lassen sich die Ruinen von Vetulonia bewundern, und der Fischerort verwöhnt, in der Osteria del Mare (S. 126), wie mit exzellenter Küche. Bei Monica und Massimiliano wird das Meer zelebriert, beim Couscous mit Meeresfrüchten oder den gefüllten Tintenfischen. Eine gute Wahl ist der Fishburger, bestehend aus Fischfilets mit hausgemachter Mayonnaise, Kartoffelachteln und serviert auf getoastetem Brot. Ein Tipp für sommerliche Genießer ist auch San Vincenzo. Dort hat Deborah Corsi von ihren Schwiegereltern einen Beach Club namens La Perla (S. 126) übernommen, an einem Strandabschnitt mit Blick auf Capraia und Korsika. Sie hätte daraus eine Pizzeria machen oder es als Billighotel aufziehen können. Doch sie hatte eine andere Idee: ambitionierte lokale Küche mit bestem Blick. Köstlicher roher Fisch, Seeigel-Tortellini, »raviolo trasparente« (»gambero« im Nudelteig), exzellente Weinkarte – und das alles mit den Füßen im Sand.

Im kleinen Badeort Castiglione della Pescaia stößt man allerorts auf Spuren der Römer und Pisaner

Kunst im Überfluss – die Renaissance

Was unter dem französischen Begriff Renaissance in die Kunstwelt einging, nahm seinen Anfang in Florenz unter dem Namen Rinascimento.

WIEDERGEBURT AUF FLORENTINISCH

Es ist beinahe ein wenig ungerecht, dass sich weltweit der französische Begriff »Renaissance« durchgesetzt hat, dabei hatten die Franzosen nun wirklich gar nichts mit der Wiedergeburt zu tun – denn das »Rinascimento« wurde praktisch ausschließlich von Florenz aus angeschoben. Es bedeutete den Beginn unserer modernen (Kunst-)Geschichte, das Ende des Mittelalters, den Beginn des Humanismus. Der Mensch wurde zum Mittelpunkt der Welt; und man erhob die Kunst, Kultur und Philosophie der alten Griechen und Römer zum Maß aller Dinge. Anschauliche Beispiele für die Zeitenwende finden sich in Florenz beinahe in jeder Straße: Nicht nur Kirchen, sondern auch Profanbauten wie Wohnhäuser oder Verwaltungsgebäude wurden von nun an prächtig verziert und ausgeschmückt.

Blick auf den Vasarikorridor und den Ponte Vecchio (li.) mit seinen Juwelierläden

Dass all das ausgerechnet in der Toskana geschah, in einer zwar reichen, aber nicht besonders großen Stadt wie Florenz, verdankt die Welt einigen glücklichen Zufällen. Vereinfacht gesagt, waren für wenige Jahrzehnte die richtigen Menschen am richtigen Ort. Da wären zunächst Cosimo »der Alte« und Lorenzo »der Prächtige«, die Herrscher der Stadt aus dem reichen Medici-Geschlecht. Cosimo (1389–1464) war ein skrupelloser Machtmensch und Kriegsgewinnler, doch gleichzeitig ein freigiebiger Kunstmäzen: Er unterstützte nicht nur Kunstschaffende wie Donatello und Botticelli, sondern sorgte überdies dafür, dass humanistische Philosophen ein Auskommen hatten, indem er ihnen lukrative Posten im Staatsdienst verschaffte und ihnen sogar Villen schenkte. Sein Enkel Lorenzo (1449–1492) setzte die Tradition fort, förderte Kunst und Kultur nach Kräften und zog den jungen Toskaner Michelangelo wie einen eigenen Sohn auf, während beinahe zur gleichen Zeit nur wenige Kilometer von Florenz das Universalgenie Leonardo da Vinci (S. 89) das Licht der Welt erblickte. Ob Lorenzo all seine Förderungen aus Liebe zur Kunst, aus purer Geltungssucht oder einer Mischung aus beiden tat, ist heute nicht mehr sicher zu sagen. In jedem Fall war er sogar selbst ein Künstler, verfasste

Das 1520 von Jacopo Pontormo gemalte Porträt Cosimo de' Medicis kann in den Uffizien bewundert werden

Die Uffizien: Renaissance erleben

Die Uffizien (S. 67) sind nicht nur eines der wichtigsten Museen der Kunstgeschichte, sondern die Räumlichkeiten selbst haben musealen Charakter. Hier verwalteten die Medici und ihre Minister seit dem Jahr 1580 die Stadt, das Umland und ihr Vermögen (»Uffici« = Büros). Nach und nach verschönerten sie auf dem Höhepunkt der Renaissance ihre Räume mit Kunstwerken, bald gab es einen regelrechten Wettbewerb, bis die Bilder und Statuen so viel Raum einnahmen, dass das Museum gewissermaßen zwangsläufig entstand. Das Besondere: Es war von Beginn an der Öffentlichkeit zugänglich.

Besonders faszinierend ist der nach Renovierungsarbeiten neueröffnete Vasarikorridor (»Corridoio Vasariano«) von den Uffizien zum Wohnpalast Palazzo Pitti. Der etwa 900 m lange überdachte Gang wurde 1565 erbaut und führt direkt über den Ponte Vecchio. Er war lange wegen seiner Enge nur gegen aufwendige Buchung im Voraus zu besichtigen, nun aber geht es unkomplizierter – aber nur mit geführten Touren.

»Bankett des Herodes«: Detail aus Filippo Lippis beeindruckendem Freskenzyklus im Dom von Prato

elegante Gedichte und interessierte sich leidenschaftlich für Architektur. In finanzieller Hinsicht allerdings war er kein Genie. Er erwärmte sich nicht für die Wirtschaft, das Vermögen der Familie schwand unaufhaltsam, außerdem traf er ein paar fatale militärische Entscheidungen und ging Bündnisse ein, die Florenz schaden sollten.

Dennoch lockte das kreative Klima der Stadt zahllose Künstler und Philosophen an, und auch gebürtige Florentiner wie der Staatsphilosoph und Dichter Niccolò Macchiavelli konnten zu Weltruf gelangen – er studierte an den politischen Manipulationen der Medici die Mechanismen der Macht. Piero della Francesca und Giorgio Vasari sind zwei weitere Ausnahmetalente, über die in diesem Reiseführer ausführlich berichtet wird (siehe »Im Blickpunkt«, S. 160). Es war ganz sicher ein Jahrtausend-Glücksfall, so viele Genies auf so engem Raum in einem günstigen politischen Klima frei wirken zu lassen.

Große Werke der Renaissance finden sich nicht nur in Florenz, sondern in so gut wie jedem toskanischen Städtchen: die Cattedrale Santo Stefano in Prato mit der Fassade von Michelozzo und Donatello sowie dem herrlichen Freskenzyklus Filippo Lippis (S. 82), der Dom von Pistoia, der Torre del Mangia in Siena und der von Michelangelo entworfene Piccolomini-Altar im Dom (S. 100), das Museo della Collegiata di Sant'Andrea in Empoli (S. 88), der Stadtkern von Livorno, der von

den Medici nach einem fünfeckigen Grundriss entworfen wurde, Cosimo Medicis Orto Botanico in Pisa (S. 140) – und noch viel, viel mehr.
Übrigens gibt es die Medici noch: Zwar starb im Jahr 1737 der letzte Medici-Großfürst Gian Gastone, doch eine Nebenlinie blieb, was kaum einer weiß, bis heute erhalten. Daher gibt es noch zwei lebende Nachfahren, darunter Lorenzo de' Medici, der heute 71 Jahre alt ist, bei Barcelona lebt und historische Romane schreibt (und nebenbei gut vom Familienvermögen leben kann). Sowohl er als auch sein älterer Bruder haben allerdings keine Kinder mehr – die Familie wird also tatsächlich bald aussterben.

Michelangelo: das entstellte Jahrtausend-Genie

Er bekam als Kind von einem Mitschüler einen heftigen Faustschlag ins Gesicht, was ihn für immer entstellte. Er litt bitterlich unter seinen zertrümmerten Knochen, die nie wieder richtig zusammenwuchsen. Doch aus dem gezeichneten Jungen, der in der Obhut von Lorenzo de' Medici aufwuchs, wurde der wohl größte Künstler der Weltgeschichte: Der Toskaner Michelangelo schuf als 25-Jähriger mit der Skulptur »David« (S. 74) das Symbol der Stadt Florenz, aber auch der gesamten Renaissance, doch war er auch in vielen anderen toskanischen Orten aktiv – beispielsweise malte er die Gewölbedecke der Sixtinischen Kapelle in Rom aus. Wer in Florenz mehr von ihm sehen möchte, sollte der Galleria dell'Accademia (S. 109) einen Besuch abstatten, wo das »David«-Original seit dem Jahr 1873 vor Wind und Wetter geschützt steht. Dort gibt es noch einiges mehr zu sehen, wie jährlich 1,5 Millionen Besucher bestätigen können, darunter weitere sechs Michelangelo-Statuen – nirgendwo auf der Welt gibt es mehr an einem Ort. Die vier »Prigioni«-Statuen (Pilaster mit Gefangenen), die Michelangelo für das Grabmal von Papst Julius II. fertigen sollte, blieben zwar unvollendet. Doch macht gerade das ihre Faszination aus, wie sie sich halbfertig aus dem Marmorblock schälen.

Ein Klassiker der Renaissance: Michelangelos zeitlos schöner »David«

Uraltes Spektakel: der Calcio Storico

Fußball ist vermutlich der älteste Ballsport der Welt; auch in Florenz wird seit mindestens 500 Jahren ein rüder Fußball gespielt, der bis heute im Volksfest Calcio Storico zelebriert wird.

MEHR KAMPFSPORT ALS BALLSPORT

Die Regeln sind brachial und erinnern eher an Kampfsport: Das Spiel dauert 50 Minuten ohne Pause. Unterbrochen wird nur, wenn es Verletzte gibt und Sanitäter aufs Feld geschickt werden müssen. Das Ziel ist es, wie im Fußball, den Ball ins gegnerische Netz zu befördern. Das kann aber sowohl mit den Händen als auch mit den Füßen passieren, zudem darf jeder Spieler jederzeit mit Schlägen, Tritten oder Ringergriffen gestoppt werden. Lediglich Tritte gegen den Kopf sind verboten, und es darf immer nur ein Spieler gegen einen Gegner kämpfen – Rudelbildung ist demnach verpönt.

Calcio Storico: ein farbenprächtiges Spektakel in historischer Tracht, das viele Besucher in die Stadt lockt

Das Spiel ist alles andere als ein Showkampf für Touristen, sondern wird mit großem Ernst bis aufs Blut ausgefochten. Gebrochene Nasen, Platzwunden und verstauchte Knochen sind bei den Teams, die aus je 27 Spielern bestehen, völlig normal.

Jährlich im Juni treffen sich die vier Teams aus den vier Stadtvierteln: die Blauen aus Santa Croce, die Roten aus

Santa Maria Novella, die Weißen aus Santo Spirito und die Grünen aus San Giovanni. Das Finale wird traditionell am 24. Juni, dem Johannistag, ausgetragen. Das Spielfeld ist die mit Sand bedeckte und Tribünen bestückte Piazza Santa Croce. Für die Florentiner ist das Spektakel ein großes Volksfest, auch auswärtige Besucher können sich dem Bann, der von dieser Fußballschlacht ausgeht, nur schwer entziehen.

Match in Pluderhosen: Beim Spiel zwischen »Bianchi« (Weißen) und »Verdi« (Grünen) geht es richtig zur Sache

AUS DEM RUDER GELAUFEN

2014 allerdings kam es zu einem Eklat: Das Finale konnte nicht mehr ausgetragen werden, denn eines der Halbfinals war völlig aus dem Ruder gelaufen. Vom Platz verwiesene »calcianti« prügelten sich am Spielfeldrand weiter; der Schiedsrichter in seinem bunten historischen Kostüm konnte pfeifen und gestikulieren, wie er wollte, niemand hörte mehr auf ihn. Daraufhin wurde ein schärferer Verhaltenskodex festgelegt. Jedes Team muss seitdem vor dem Match Listen seiner Spieler einreichen, Vorbestrafte und Kleinkriminelle sind ausgeschlossen. Die Mannschaften rüsten nun auf andere Weise auf – in den Teams mischen Kampfsport-Experten aus ganz Italien mit. Dennoch hat der Calcio Storico in Zeiten des ständig anschwellenden Tourismus eine sinnstiftende Seite für die Stadt und schweißt bei aller Brutalität die Viertel noch enger zusammen. Vor dem Spiel gibt es einen traditionellen Straßenumzug der Teams – dann rufen alle gemeinsam »Viva Fiorenza!«

Wer sich für den modernen Fußball interessiert: Der Profiverein AC Florenz spielt meist im vorderen Drittel der Serie A mit, ist aber gegen die großen Vereine aus Turin, Mailand und Rom chancenlos. Erklärter Erzfeind der »Fiorentina« ist Juventus Turin.

Das berühmte **historische Fußballspiel** findet jedes Jahr am 24. Juni auf der Piazza Santa Croce im Zentrum von Florenz statt, Informationen und Tickets unter *www.calciostoricofiorentino.it*; der Kartenverkauf beginnt Anfang Juni. Preise: Kurve 29 €, Tribüne zwischen 40 und 80 €

Zeugen einer bewegten Vergangenheit

Etrusker, Römer, Ost- und Westgoten, Langobarden, Karl der Große, das Geschlecht der Medici, Napoleon und seine Schwester Elisa oder die Habsburger, aber auch Malaria und Hochwasser: Sie alle prägten maßgeblich das Geschick der Toskana und ihre wechselnden Rollen vom Großherzogtum über Republik bis zur Region von heute.

600 V. CHR.: DIE BLÜTEZEIT DER ETRUSKER

Die bronzene »Chimäre von Arezzo« zeugt von der künstlerischen Begabung, aber auch den handwerklichen Fähigkeiten der toskanischen Ureinwohner.

Es ist ein rätselhaftes Volk, das einst die Toskana unumschränkt beherrschte und ab etwa 300 v. Chr. von den Römern verdrängt wurde. Dies geschah vermutlich weitgehend mit Bündnissen und friedlicher Assimilation, weniger durch blutige Eroberungszüge, denn viele römische Bräuche wie die Vogelschau oder das Rutenbündel als Ausdruck der Macht fußten auf etruskischen Traditionen. (Aus jenem Rutenbündel, das »fascio« genannt wurde, entstand 2000 Jahre später übrigens das Wort »Faschismus«.)

Gerade in den letzten Jahren haben Archäologen immer erstaunlichere Details über die Etrusker zusammengetragen, doch viele Fragen bleiben offen – etwa jene, woher sie überhaupt stammten. Die Etrusker waren in Stadtstaaten organisiert; zwölf von ihnen schlossen sich um das Jahr 600 v. Chr. zu einem mächtigen Städtebund zusammen. Zu den Siedlungen in dem Bündnis gehörten das heutige Arezzo, Volterra und Vetulonia. Wenn auch über die Herrschaftsform und Religion der Etrusker wenig bekannt ist, schienen doch Frauen eine hohe, eigenständige Stellung einzunehmen.

Im Archäologischen Museum von Florenz (Piazza Santissima Annunziata, Di–Fr 8.30–19, Sa–Mo 8.30–14 Uhr, 8 €, erm. 2 €) sind einige faszinierende etruskische Fundstücke ausgestellt, darunter ihre Münzen (die ersten Münzfunde überhaupt im Mittelmeerraum – was auf eine rege Handelstätigkeit schließen lässt).

Auch in den Museen von Chiusi und Volterra sind viele Relikte zu bewundern. Zudem gibt es in Vetulonia sowie in Roselle bei Grosseto große Ausgrabungsstellen, die Einblicke in das Alltagsleben der Etrusker gewähren.

1434: COSIMO DER ALTE KOMMT AN DIE MACHT

In der Römerzeit hatte die Toskana nach dem Ende der Etruskerkultur keine größere Rolle gespielt, und auch nach dem Untergang Roms war Florenz eine eher unbedeutende Handelsstadt, während norditalienische Städte wie Mailand aufblühten, und selbst Pisa und Lucca bedeutender waren. Erst um das Jahr 1100 entwickelte sich in Florenz ein beachtlicher wirtschaftlicher Aufschwung, und eine Familie von wohlhabenden Textilhändlern schuf aus der Stadt das wichtigste kulturelle Zentrum Europas. Im Jahr 1434 kam Cosimo de' Medici an die Macht und zementierte die Herrschaft der Familie, unter der Kunst und Bildung blühten, aber auch das Umland (weitgehend) befriedet wurde. Auch das Geld strömte dank geschickter Wirtschaftspolitik und der Förderung des Bankwesens in die Stadtkassen. Cosimo war ein großer Staatsmann und bekam wegen seiner langen Herrschaft (er regierte bis 1464 und starb mit 75 Jahren) den Beinamen »il Vecchio«, der Alte. Einer seiner vielen Geniestreiche: Er verbündete sich dauerhaft mit dem mächtigen Mailand – der Frieden hielt noch lange nach seinem Tod.

Und wie sich alles fügt: Der Palazzo des Museums, in dem die etruskische Chimäre von Arezzo ausgestellt ist, wurde von Cosimo dem Zweiten gegründet, der von 1590 bis 1621 regierte.

Cosimo kehrt zurück
Eine Steuererhöhung der herrschenden Medici-Gegner sorgte für so viel Unmut im Volk, dass Cosimo 1433 nach der Verbannung zurückkehrte und 1434 die Macht übernehmen konnte.

Im Archäologischen Park in Roselle kann man auf den Spuren der Etrusker wandeln

1865: FLORENZ WIRD HAUPTSTADT ITALIENS

Ankunft des Königs
Am 3. Februar 1865 kam der König mit der gerade eröffneten Eisenbahnlinie um 22.30 Uhr aus Turin in seinem neuen Herrschaftssitz Florenz an.

Italien war ein Flickenteppich, von ausländischen Königen und einheimischen Fürsten mehr schlecht als recht regiert. In einem kriegerischen Prozess vereinigte sich das Land schließlich zum Königreich Italien; maßgeblich dafür war der bis heute verehrte Revolutionär Giuseppe Garibaldi. Zunächst wurde Turin Hauptstadt und Königssitz, doch 1865 folgte Florenz – eine Geste von symbolischer Bedeutung, die das »risorgimento«, das Streben nach der Einheit des Landes, auf eine Stufe mit dem »rinascimento« stellen sollte, der großen Zeit der Renaissance. Aber man hielt Florenz auch für einen zentraleren und sichereren Regierungssitz als das allzu nah an Frankreich und dem Habsburgerreich liegende Turin. Zudem hatten zahlreiche Tumulte das Vertrauen des Königs Vittorio Emanuele II. in seine Untertanen in Turin untergraben; er kam per Eisenbahn in Florenz an, wurde zu seiner großen Freude jubelnd empfangen und zog in den ehemaligen Medici-Wohnsitz Palazzo Pitti ein. Florenz' Ehre endete bereits 1871, als man sich schließlich für Rom als Hauptstadt entschied.

1966: ACQUA ALTA!

Es waren dramatische Bilder, die um die Welt gingen: Vom 3. bis 5. November trat der Arno in einem nie dagewesenen Ausmaß über die Ufer; in der Innenstadt von Florenz stand das Wasser teilweise über vier Meter hoch, 34 Menschen kamen ums Leben. Der Wasserstand ist in der Via Isola delle Stinche mit einer Plaket-

Blick auf den vom Boboli-Garten eingerahmten Palazzo Pitti, einst Hauptsitz der Medici

te angegeben. Schlimm traf es auch die Kunstschätze in Kirchen, Museen und Palazzi, die von den verschmutzten Wassermassen schwer beschädigt wurden. Die Nationalbibliothek sowie das Domarchiv verloren zahlreiche unersetzbare Kostbarkeiten.
Das Hochwasser führte zur ersten weltweit koordinierten Spendenaktion der Geschichte: Englische Kunstliebhaber und das Deutsche Rote Kreuz halfen ebenso wie Ted und Jacqueline Kennedy, die in den USA Hilfsgelder auftrieben. Die »angeli del fango« (Schlammengel), die aus aller Welt anreisten, retteten mit bloßen Händen, was zu retten war. Die Aufräumarbeiten dauerten bis ins Jahr 1967. Das Jahrtausend-Hochwasser war ein echter Weckruf für das Land und die Welt, seine Kunstschätze in Zukunft besser zu schützen.

Bei der Hochwasserkatastrophe im November 1966 ergossen sich bis zu 50 Mio. cbm Wasser über Florenz und zerstörten zahllose Gebäude und Kunstwerke

Am Puls der Zeit

Produktpiraterie bei Pasta & Co.

Das Problem kostet die Italiener jährlich Milliarden von Euro und beschäftigt längst auch die EU: Internationale Produzenten stellen Lebensmittel her, denen sie durch Verpackung, Farben und Namen den Anschein von Italien geben. Durch dieses Imitieren, das sogenannte »Italian Sounding«, entgehen italienischen Herstellern gewaltige Summen. »Miracoli«-Nudeln mit dem »Pamesello«-Käse oder die »Ristorante«-Pizzen von Dr. Oetker sind bekannte Beispiele. Gern werden auch toskanische Motive auf den Packungen abgebildet, etwa der Schiefe Turm von Pisa.»Italian Sounding« gibt es auch in der Gastronomie: Nur weil sich die Trattoria Bella Toscana nennt, steht noch lange keine toskanische Mamma in der Küche. Tipp für den Urlaub daheim: Guido Mondi, der in Regensburg das Ristorante Pizzeria Taormina betreibt, hat die Vereinigung *www.echteritaliener.de* gegründet. Die Kriterien für die Aufnahme sind ganz klar: »Der Chef muss Italiener sein, und 80 Prozent der Küchenmannschaft müssen Italiener sein.« Und: Es sollten italienische Originalprodukte verwendet werden wie etwa der echte Parmigiano Reggiano oder der echte Parmaschinken.

Die »rote Toskana«

Endlich einmal ein junges, unverbrauchtes Gesicht an der Spitze der italienischen Politik! So dachte man im Februar 2014, als der 39-jährige Matteo Renzi zum Ministerpräsidenten Italiens gewählt wurde.

FALL EINES HOFFNUNGSTRÄGERS

Doch schnell wurde Renzi von den Mühlen der Politik zerrieben. Teils agierte er selbst ungeschickt, teils lässt einem der römische Betrieb einfach wenig Chancen, ohne Blessuren zu bestehen. Ende 2016 schließlich beging er seinen größten taktischen Fehler: Er verknüpfte sein politisches Schicksal mit einem Verfassungsreferendum, das die lähmenden italienischen Politikprozesse verschlanken wollte. Das Establishment in Rom machte Stimmung gegen die Pläne, die auch das Ende vieler Privilegien bedeutet hätte; tatsächlich verlor Renzi überraschend die Volksabstimmung und musste in der Folge zurücktreten.

Zugegeben, in der italienischen Politik ist eine Rückkehr nie ausgeschlossen (wie man an Silvio Berlusconi sieht), aber Renzis Ruf als Italiens Hoffnungsträger ist nachhaltig angeschlagen.

Matteo Renzi, ehemaliger Bürgermeister von Florenz und früherer Ministerpräsident Italiens

Wahlkampagne der sozialdemokratischen Partito Democratico (PD) im März 2018

Es ist kein Zufall, dass Matteo Renzi aus der Toskana stammt und sich als Bürgermeister von Florenz einen Namen machte. Die Toskana ist die Hochburg der italienischen Linken. In der »roten Toskana«, die diesen Beinamen nicht nur wegen ihrer berühmten Weine trägt, wurde die Kommunistische Partei Italiens (KPI) gegründet, die im Gegensatz zu anderen kommunistischen Parteien in Westeuropa eine echte Macht war und im Schnitt 30 Prozent der Stimmen abräumte. Viele Jahre lang sorgte die Macht der italienischen Linken für Probleme mit ausländischen Investoren, die Angst vor einem Kippen der Republik, vor Zwangsenteignungen und Verstaatlichungen hatten und lieber auf andere europäische Länder auswichen.

Wiege der Anarchie

Auch die Anarchie-Bewegung nahm ihren Anfang in der Toskana – Zentrum war die Hafenstadt Livorno mit ihrem eher rauen Charme. Noch heute gibt es die »Federazione Anarchica Livornese«. In den 1920er-Jahren waren die italienischen Anarchisten nicht nur in der Toskana gefährlich, sondern legten auch in den USA Bomben gegen Polizisten und Richter – was zum berüchtigten Prozess gegen Sacco und Vanzetti führte, die noch heute von vielen Linken wie Märtyrer verehrt werden. So richtig erklären lässt sich die linke Stärke in dieser eher ländlichen, von Kleinbetrieben geprägten Region nicht. Aller Erfahrung nach müsste die Toskana eher konservativ sein. Politikwissenschaftler vermuten, dass die toskanische Linke nie eine Massenbewegung der Arbeiter war, sondern eher aus schwärmerischen, gebildeten Zirkeln erwuchs – und die gab (und gibt) es in der Toskana reichlich. Da ist es nur passend, dass die deutsche »Toskana-Fraktion« auch eher aus linken Politikern bestand bzw. besteht, die in ihrem Leben eher wenig mit Fließband-Fron gemein hatten, zum Beispiel Gerhard Schröder, Oskar Lafontaine, Otto Schily, Joschka Fischer und Jürgen Trittin.

Wahrzeichen mit gigantischer Kuppel

Der Dom Santa Maria del Fiore, neben dem Ponte Vecchio das Wahrzeichen von Florenz, vereint viele ungewöhnliche Geschichten. Die weithin sichtbare Kuppel mit ihrem Durchmesser von 42 Metern ist eine Meisterleistung von Filippo Brunelleschi.

SCHAUPLATZ EINER VERSCHWÖRUNG

Nahezu jedes Detail an diesem Bau ist bemerkenswert, etwa das 4000 m² große Fresko in der Kuppel, von Giorgio Vasari gemalt, oder die Bleiglasfenster, die von Glasmaler Francesco Livi geschaffen wurden. Der Glockenturm stammt von Giotto. Teilweise mussten für den Bau, der im Jahr 1436 eingeweiht wurde, erst spezielle Maschinen erfunden werden. Santa Maria del Fiore (S. 69) ist noch heute die drittgrößte Kirche der Welt, nach dem Petersdom in Rom und St. Paul's Cathedral in London. Der Dom ist zudem Schauplatz der Pazzi-Verschwörung – einer der atemberaubendsten Historienkrimis, die Italien zu bieten hat. Eine Gruppe Adliger um Francesco de' Pazzi hatte genug von der Machtfülle der Medicis und wollte das Familienoberhaupt Lorenzo sowie dessen Bruder Giuliano ermorden. Der Papst unterstützte die Pläne, denn einer seiner Neffen, Girolamo Riario, sollte neuer Herrscher wer-

Blickfang des Doms ist seine gewaltige Kuppel – das Bauwerk zeugt vom Übergang der Gotik zur Renaissance

den. Am Ostersonntag 1478 stachen die Verschwörer beim Gottesdienst im Dom mit Messern auf ihre Opfer ein, doch Lorenzo konnte sich verwundet in die Sakristei flüchten, wo er von dem Humanisten und Dichter Angelo Poliziano eingeschlossen und somit vor den Mördern gerettet wurde.

Beinahe überirdisch: die Fresken in der Domkuppel

DAS ATTENTAT

Zusätzlich hatten sich die Pazzi verspekuliert, denn die Bürger standen fest auf der Seite der Medici. Die Florentiner waren außer sich und töteten alle tatsächlichen und vermeintlichen Verschwörer, nicht nur die Pazzi-Familie und deren Freunde, sondern auch den Erzbischof, was den Papst erzürnte – obwohl Lorenzo selbst zur Mäßigung aufrief. Attentäter Bernardo di Bandino Baroncelli, der die tödliche Attacke auf Giuliano de' Medici ausgeführt hatte, konnte zunächst bis Konstantinopel fliehen, wurde aber gefasst und an Florenz ausgeliefert. Dort wurde er am 28. Dezember 1479 zum Tode verurteilt und am Tag danach an den Mauern des Palazzo della Signoria gehängt. Leonardo da Vinci hielt den toten Kaufmann, der noch orientalische Kleidung trug, in einer berühmten Skizze fest.
Erst vor wenigen Jahren sind neue Dokumente in den Archiven des Vatikans aufgetaucht, die belegen, dass eine päpstliche Armee bereitstand, um in Florenz einzugreifen. Doch nachdem der Staatsstreich gescheitert war, versuchte es der Papst mit politischem Druck. Die Verschwörung sorgte über Jahrzehnte für einen tiefen Riss zwischen Rom und Florenz.

Historischer Mordfall
Die Pazzi-Verschwörung ist Gegenstand des Videospiels »Assassin's Creed II«, mit mehr als 100 Millionen verkauften Einheiten die erfolgreichste Game-Reihe aller Zeiten.

Santa Maria del Fiore

Piazza del Duomo, *www.museumflorence.com*, tgl. 10–16.45, So, Fei 13.30–16.45 Uhr. Keine freizügige Kleidung (z. B. freie Schultern, kurze Hosen). Ticket (20 €) online mehrere Wochen vorher bestellen, wo es fest an eine Besuchszeit gekoppelt wird.

Ein Anblick, der den Puls eines jeden »Vespista« garantiert beschleunigt

Ikone mit Nostalgiefaktor

Der Auftrag lautete, ein motorisiertes Zweirad zu konstruieren, das leicht zu handhaben und zu reparieren sei. Das Ergebnis: ein Kultfahrzeug namens Vespa, das heute noch Begeisterung hervorruft.

»Das Leben war gut: Der Dollar war stark, der Wein war ›dolce‹, und die Girls waren fantastisch«, erzählt der berühmte Fotograf Slim Aarons, der in den Fünfzigerjahren im Auftrag von »Life« durch Italien reiste, um die Wiederentdeckung des Landes durch Hollywood zu dokumentieren. Heute, mit unseren ständig verfügbaren Bildern von Italiens Dolce Vita im Kopf, ist es kaum noch vorstellbar, wie umwerfend Rom, Capri und die Amalfiküste auf einen Besucher vor 60 Jahren gewirkt haben mögen. Die neue italienische Renaissance kulminierte 1953 in dem berückend kitschigen Liebesfilm »Ein Herz und eine Krone« mit Gregory Peck und Audrey Hepburn. Der Film sorgte nebenbei für Verkaufsrekorde eines ungewöhnlichen, neuartigen und echt toskanischen Motorrollers mit kleinen Rädern und extravaganter Verkleidung, den der Hersteller in der Kleinstadt Pontedera unweit von Pisa »Vespa« getauft hatte, Wespe. Ihr Erfinder, Corradino D'Ascanio, träumte eigentlich vom Bau leistungsstarker Hubschrauber, doch in den bettelarmen Nachkriegszeiten war dieses Ziel allzu ehrgeizig. Stattdessen hörte er auf den Unternehmer Enrico Piaggio, der ihm auftrug, ein motorisiertes Zweirad zu konstruieren, das exakt um einen sitzenden Menschen herum gebaut werden sollte. D'Ascanio, der nichts von Motorrädern wusste, ging völlig unvoreingenommen an die Aufgabe heran – und erschuf eine Ikone.

AMORE UND MOTORE

Auch in Italien selbst verkaufte sich der kleine Roller sehr gut, und bis heute dominiert er, zwar technisch verbessert und höher motorisiert, aber optisch immer noch nahezu unverändert, das Straßenbild. Seit 2017 gibt es ihn sogar mit Elektromotor, und seinen Platz als Ausstellungsstück im New Yorker Museum of Modern Art füllt der Roller stolz aus. Für die Italiener ist die Vespa ein wichtiger Teil der nationalen Identität, vereint sie doch »amore« und »motore« und ist ein Stück Ingenieurskunst, das drei Generationen überdauert hat. Es existieren so viele Baureihen, dass es heute keine verlässliche Zahl über die tatsächlich verkauften Exemplare gibt, nicht einmal vom Unternehmen selbst. Die Sowjetunion kopierte das Konzept ohne Lizenz und nannte ihre Vespa »Wjatka«. Auf den ersten Blick sieht sie der Vespa zum Verwechseln ähnlich, aber italienische Experten sehen schon aus patriotischen Gründen hunderte Unterschiede ...

Wer sich als echter »Vespista« fühlen will, kann an vielen Orten der Toskana einen dieser kultigen Motorroller mieten. Zudem gibt es gerade im Chianti geführte Tagestouren – und sogar siebentägige Rundreisen; siehe ADAC Mobil, S. 85).

Kuriose Vespa-Fakten

- Die erste Vespa (1946) hieß »Paperino« (Entchen).
- Kein Fahrzeug spielte häufiger in Hollywood mit, darunter in »Quadrophenia«, »American Graffiti«, »Good Morning, Vietnam«, »Der talentierte Mr. Ripley« und natürlich in Fellinis Meisterwerk »La Dolce Vita«.
- Die größte Vespa-Sammlung der Welt ist mit 400 Modellen im Miami Auto Museum in Florida zu bewundern.

So fühlt sich Glück auf zwei Rädern an

Chiantigiana – die Essenz der Toskana

Kaum eine Straße ist bei Toskanafreunden beliebter als die Strada regionale 222, die Florenz mit Siena verbindet. Inzwischen gibt es sogar eine neu asphaltierte Schnellstraße zwischen den beiden Städten, aber der Charme der »Chiantigiana« ist ungebrochen, führt sie doch mitten durch die Chianti-Region.

Die Tour auf einen Blick:

Start: Florenz **Ziel:** Siena (alternativ: Rückkehr nach Florenz)
Gesamtlänge: 109 km
Reine Fahrzeit: 3 Std.
Orte entlang der Route: Florenz – Greve – Panzano – Castellina – Radda – Gaiole – San Gusmè – Castelnuovo Berardenga – Siena

E1 VON FLORENZ NACH GREVE

(30,1 km/55 Min.)

Wein, Zypressen, mittelalterliche Ortskerne: Die »Chiantigiana« bietet einfach alles. Nichts wie hinein ins Vergnügen!

Sehnsuchtsbilder: ein von Zypressen gesäumtes Sträßchen im Val d'Orcia

Eine der ersten Attraktionen gleich zu Beginn der »Chiantigiana« bei Impruneta ist der Golfplatz Ugolino Firenze (S. 178), einer der ältesten Plätze Italiens. Weiter in Richtung Süden passieren wir Strada in Chianti, der Blick weitet sich, Weinberge und zypressenbewachsene Hügel rücken ins Bild.

In Greti, einem Ortsteil von Greve, wird es dann richtig romantisch. Wer es nicht abwarten kann, Wein zu kaufen, sollte kurz rechts in dem kleinen neuen Shop von Villa Calcinaia halten, wo der gleichnamige eigene, preisgekrönte Chianti Classico verkauft wird.

Als ersten größeren Halt wählen wir die Chianti-Hauptstadt Greve. Es gibt schönere Ecken als diesen etwas zersiedelten Ort, aber der dreieckige Hauptplatz lohnt einen Shopping-Stopp (S. 84). Parken Sie am besten auf dem ausgeschilderten (und kostenlosen) Parkplatz links vom Zentrum. Mitten auf dem Platz grüßt der See-

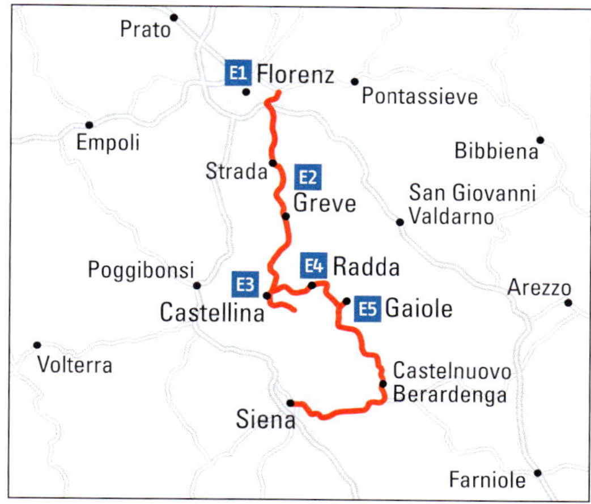

ADAC Traumstraße: Etappen 1 bis 5 (Detailplan siehe Faltkarte Rückseite).

fahrer Giovanni da Verrazzano, ein Sohn Greves, nach dem die Verrazzano Bridge in New York benannt ist.
Praktisch: Genau zwischen Parkplatz und Hauptplatz liegt die Enoteca Falorni (S. 85), die bestsortierte Weinhandlung des Chianti, wo per Chipkarte auch edelste Tropfen verkostet werden können.

E2 AUF ZAUBERHAFTEN KURVEN VON GREVE BIS CASTELLINA (19,4 km/32 Min.)

Herrliche Serpentinen, Weinberge und Zypressen begleiten uns bis Castellina

Hinter Greve geht das Herz so richtig auf, wenn Weinberge und Zypressen das Blickfeld rundum einnehmen und kein neumodisches Bauwerk das Panorama stört. Weinberge und malerische Landgüter, so weit das Auge reicht. Das Chianti wurde übrigens schon seit dem Spätmittelalter auf zauberhaft getrimmt, denn Zypressen wachsen nun einmal nicht in rhythmischen Abständen auf Hügelketten. Die Fürsten förderten zwischen Florenz und Siena den malerischen Anbau von Wein und Oliven, weil sie bewusst harmonische Landschaften erschaffen wollten; den bitter notwendigen Weizen ließen sie aus Apulien und Sizilien herbeischaffen.
Ein guter Aussichtspunkt fürs Panoramafoto ist links beim Agriturismo Montagliari, zudem gibt es einen Kilometer weiter bergan (diesmal rechts) eine Haltebucht.

Achtung!
Viele Radfahrer und Motorräder in unübersichtlichen Kurven – auf Tempolimits achten!

Das Dorf Panzano wird von einer mittelalterlichen Burg mit zwei Wehrtürmen bewacht

In dem romantischen Dörfchen Panzano ist Supermetzger Dario Cecchini (S. 86) daheim, außerdem gibt es zahlreiche Veranstaltungen. Kurz hinter dem Ort ist Zeit für ein Foto mit dem Wappentier: Der fünf Meter große schwarze Hahn, Symbol des Chianti, reckt stolz seinen Kopf über die Weinberge – praktischerweise steht er direkt in einer Haltebucht.

Ruhetag
Typischer Ruhetag für Chianti-Restaurants ist der Mittwoch (z. B. Dario Cecchini oder Le Contrade).

Hinter Panzano geht es erst einmal kurvenreich bergab. Acht Kilometer vor Castellina beginnt nach dem florentinischen Teil des Chianti das zu Siena gehörende »Chianti Senese«. Warum sich Florenz viel mehr Chianti-Berge einverleiben konnte als der ewige Widersacher aus Siena und was das mit einem allzu hungrigen Hahn zu tun hat, lesen Sie auf Seite 87.

Bald wird es wieder grüner. Von Bäumen flankierte Serpentinen zeigen eine ursprünglichere, weniger kultivierte Landschaft. Bei aller Romantik sei dennoch vor den fest installierten Blitzgeräten drei Kilometer vor Castellina auf beiden Seiten gewarnt. Zwei Kilometer hinter Panzano lockt schon die Abzweigung nach Radda über die Strada Provinciale 2, doch wir bleiben auf der »Chiantigiana« und wählen später einen anderen Weg. Bald rückt zur Linken das erhaben gelegene Städtchen Castellina in den Blick. Mit seinem verkehrsberuhigten Ortskern ist es definitiv einen Bummel wert, der Tourismus hat erträgliche Ausmaße, es gibt viele kleine Läden und Cafés. Steuern Sie in der Hauptsaison den Parkplatz rechts vor dem Ortseingang an (1 Std./1 €).

Der Ortskern ist gewissermaßen zweigeschossig, denn der Hauptplatz liegt oberhalb der Kirche. In der Antica Trattoria La Torre (Piazza del Comune 15, S. 88) lässt sich eine Verweilpause einlegen. Hier ist das »antica« im Namen nicht übertrieben: Seit über 125 Jahren ist das Restaurant auf dem Hauptplatz von Castellina in Chianti im Besitz derselben Familie. Das Ambiente ist stimmungsvoll, und auf den Tisch des Hauses kommen Klassiker wie Tagliolini mit Wildschweinragout.

E3 VON CASTELLINA IN DIE WEINBERGE

(7 km/15 Min.)

Eine kleine Weinbergtour: Ein Abstecher von Castellina aus führt mitten in die Reben

Mittendrin statt nur dabei: Eines der romantischsten Weingüter des Chianti heißt Brancaia (S. 86) und wird von Barbara Widmer betrieben. Um dahin zu gelangen, bedarf es einer zwar kurzen, aber durchaus abenteuerlichen Fahrt, die auch die meisten Navigationssysteme zur Strecke bringt. So verfehlen Sie es garantiert nicht: Von Castellina aus fahren Sie die SR222 weiter Richtung Siena. Nach 2 km biegen Sie am Hotel Casalecchi nach links ab, und es geht vier Kilometer Richtung Podere Poppi. Achtung: Zahlreiche Schlaglöcher pflastern den Weg, dafür wachsen die Weinreben fast ins Autofenster hinein. Barbara Widmer stammt aus Zürich, übernahm das Weingut von ihren Eltern und machte es zu einer der ersten Adressen für Chianti-Liebhaber. Wer sich angemeldet hat, kann eine Führung durch den Betrieb mit anschließender Weinverkostung unternehmen (20 €/Person).

Anmeldung
Bei allen Weingütern empfiehlt sich eine vorherige Anmeldung. Ruhetag ist, wie auch bei Brancaia, meist sonntags.

Auf der Straße nach Poggibonsi zeigt die Toskana ihr ländliches Gesicht

E4 ÜBER RADDA BIS GAIOLE

(22 km/40 Min.)

Nach dem Abstecher durch die Weinberge genehmigen wir uns einen verwunschenen Schlenker gen Osten

Vom Weingut fahren wir zunächst zurück nach Castellina und dort rechts auf die SR429. Wir verlassen also die »Chiantigiana«, doch die Schleife lohnt sich. Die Abzweigung liegt hinter einer Linkskurve kurz vor dem Weingut Poggio Amorelli und ist gut ausgeschildert.

Die Altstadt von Radda verströmt viel mittelalterliches Flair

Zunächst geht es gen Osten durch Wälder und Weinreben und vorbei an dünn besiedelten Flecken nach Radda (11 km). Links und rechts verführen Schilder zum Anhalten bei dem einen oder anderen Weingut wie Monteraponi (biozertifiziert) oder Casalvento (sehenswerter Weinkeller), doch wir genießen die Fahrt und stellen das Autoradio auf die Frequenz 90,2 oder 107,4 – das legendäre »Radio Italia«. Mit Adriano Celentano oder Jovanotti im Ohr fährt es sich gleich noch mal entspannter.

Kinder
Im großen Park gegenüber der Stadtmauer lockt ein Spielplatz, falls sich die Kinder austoben wollen.

In den mittelalterlichen Mauern sind zahlreiche Feinkost- und Souvenirgeschäfte angesiedelt, darunter die Enoteca Porciatti (S. 87). Riccardo Porciatti ist eine echte Gourmet-Instanz. Sein Vater Luciano betreibt die beste »Macelleria« des Chianti, direkt am Ortseingang über die Via Roma, unterhalb der Stadtmauer. Riccardo hat sich dagegen auf Wein spezialisiert und seine Enoteca im mittelalterlichen Gewölbegang, dem »camminamento medievale«, zu einer kleinen Verpflegungsstation ausgebaut, wo zum Wein Aufschnitt und kleinere Gerichte gereicht werden.

Gestärkt geht es weiter Richtung Gaiole (11 km). Die SR429 trifft auf die SP408, wo wir rechts abbiegen.

In Gaiole liegt der schönste Zwischenstopp der Reise: Andrea Oppos Agriturismo Le Contrade. Dafür die SP408 im Ortszentrum links in Richtung Via Marconi verlassen, die zur Strada Comunale 6 wird. Etwa 150 m hinter der Azienda Agricola Montiverdi geht es links hoch zum Restaurant mit seiner Terrasse samt Weinbergblick. Manchmal kehrt der Musiker Sting hier ein, der ganz in der Nähe ein Weingut besitzt.

E5 VON GAIOLE NACH SIENA

(30,5 km/55 Min.)

Vom ländlichen Gaiole geht es in den geschichtsträchtigen Trubel Sienas – von der Neuzeit ins Mittelalter

Achtung,
einige Kurven sind überraschend scharf.

Die Florentiner haben sich mit einem Trick einen Großteil des Chiantis erschlichen, indem sie mit nicht ganz fairen Mitteln einen Wettkampf gewannen (S. 87).

Doch für Sieneser, viele Toskana-Kenner und auch für uns ist nach dieser Rundfahrt klar: Der schönste Teil des Chianti liegt immer noch in der Provinz Siena. Tatsächlich suchen die bezaubernden Orte Castellina, Radda oder Gaiole ihresgleichen.

Unser erster Halt von Gaiole aus (Abzweigung über die SP484 nach rechts im Ortsteil La Madonna, gut ausgeschildert) ist das Castello di Brolio, ein trutziges Schloss mit wehrhafter Mauer, schönen Gärten und eigenen Weinbergen. Die Festung gehörte einst Bettino Ricasoli (1809–1880), dem zweiten Ministerpräsidenten Italiens, der das bis heute mehr oder weniger gültige »Rezept« für den Chianti-Wein erfand (70 % Sangiovese, dazu Canaiolo und Malvasia Bianca).

Weiter geht's ins mittelalterliche Dorf San Gusmè, wo wir am Ortseingang die vermutlich merkwürdigste Statue der gesamten Toskana antreffen – ein älterer Mann in Terrakotta, der, nun ja, seinem Geschäft nachgeht. Die italienische Inschrift sagt: »König, Kaiser, Papst, Philosoph, Dichter, Handwerker, Bauer: Ein Mann bei seinen Verrichtungen. Lacht nicht; denkt an euch selbst.« Im September findet ein Volksfest zu Ehren der Statue statt. 6 km weiter und viele Weinberge links und rechts passieren wir Castelnuovo Berardenga, eine der größeren Städte der Region.

Abstecher
Hübsch ist ein Bummel durch den Skulpturenpark mit 25 Installationen moderner Künstler (Località La Fornace im Ortsteil Pievasciata, von der SP 9 geht es links ab – ausgeschildert).

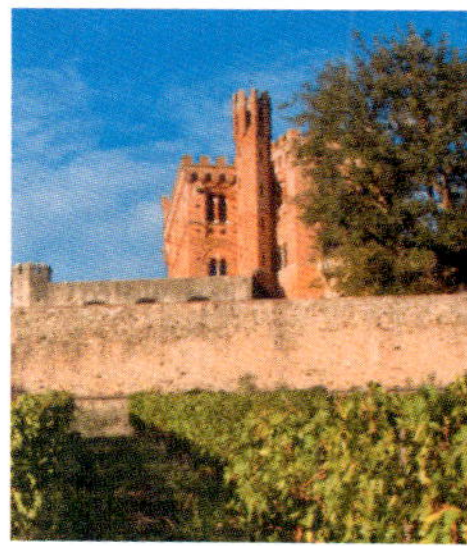

Castello di Brolio: 800 Jahre lang im Familienbesitz

Zurück zum Ausgangspunkt: Von der SP 111/a auf die gut ausgebaute SS 73 und von dort direkt ins mittelalterliche Siena (25,1 km), eine der faszinierendsten Städte Italiens (alle Tipps ab S. 94). Wer will, fährt über die »Chiantigiana« zurück nach Florenz (80,7 km) – oder wählt den autobahnähnlichen »Raccordo Autostradale« (75,7 km).

Hotelempfehlungen:

Wenn Sie die Tour in Tagesetappen fahren, empfehlen wir folgende Hotels:

€€–€€€ | Villa Bordoni Hervorragend geführtes Hotel in traumhafter Lage etwas außerhalb von Greve. Exzellente Küche, edles Ambiente. (S. 93)
Greve in Chianti, Via San Cresci 31,
Tel. 05 58 54 62 30, www.villabordoni.com

€€€ | Castello La Leccia Tausend Jahre alte Mauern, eigenes Weingut, ökologische Ausrichtung, Infinity Pool mit Panoramablick. (S. 93)
Castellina in Chianti, Loc. La Leccia,
Tel. 05 77 74 31 48, www.castellolaleccia.com

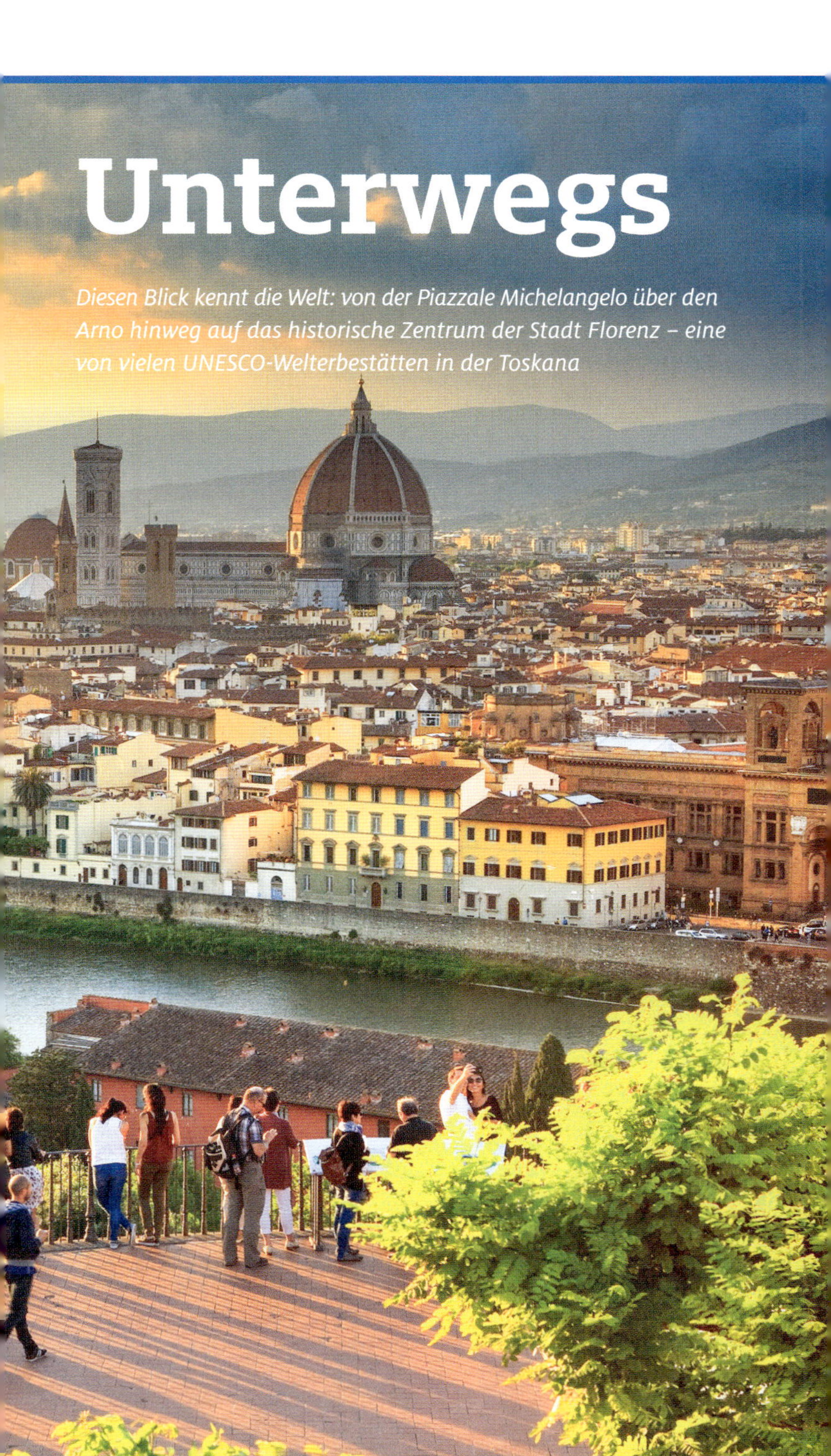

Unterwegs

Diesen Blick kennt die Welt: von der Piazzale Michelangelo über den Arno hinweg auf das historische Zentrum der Stadt Florenz – eine von vielen UNESCO-Welterbestätten in der Toskana

Das will ich erleben

Fresken und Filetsteaks, Weine und Wanderwege, Marmor und Meer: Die Toskana ist eine der facettenreichsten Regionen der Welt. Von den staunenswerten Werken der bedeutendsten Genies der Kunstgeschichte bis hin zu sorglosem Sommer-Sonne-Strand-Spaß am Meer sind es oft nur wenige Kilometer, alpine Orte und etruskische Ruinen liegen neben aufregend quirligen Märkten und reizvollsten Shopping-Destinationen. Jeder Reisende kann – und wird – hier sein ganz persönliches Urlaubsglück finden, und die meisten Reisenden kommen nicht nur einmal in diese herrliche Region, sondern wieder und wieder.

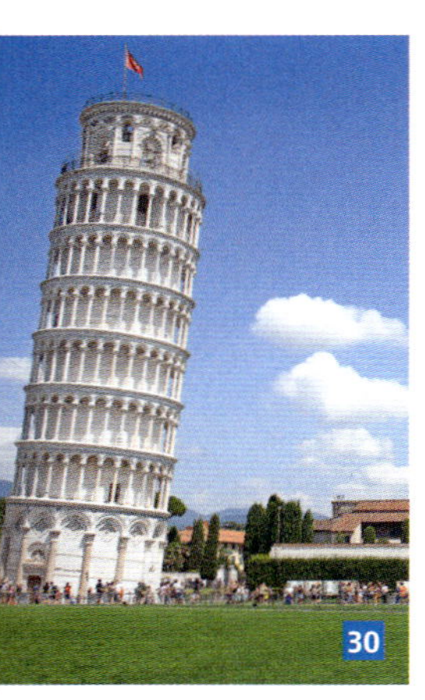

Unvergängliche Meisterwerke

Italien ist das Land mit den meisten UNESCO-Welterbestätten – die meisten davon findet man in der Toskana. Und wohl niemand kann sich ihrer Faszination entziehen: im unvergleichlichen Kunstmekka Florenz genauso wenig wie in Pisa, Lucca oder Arezzo.

1 Kopie und Original in Florenz 74
Michelangelos weltberühmter David

30 Pisa und der »Platz der Wunder« 136
Piazza dei Miracoli, ein einmaliges Ensemble

32 Im Dom von Lucca 147
Berührendes Meisterwerk: Tintorettos Abendmahl

36 Freskenkunst in Arezzo 159
Piero della Francescas Hauptwerk in San Francesco

Höchste Kirchenkunst

Die toskanischen Sakralbauten sind nicht nur Stätten der Andacht, sondern auch eine Art Leistungsschau der besten Künstler ihrer Zeit: In den Kirchen von Städten wie Florenz, Siena, San Gimignano und Pisa konzentriert sich die Hochkultur des Mittelalters und der Renaissance.

1 Das Wunder von Florenz 69
Brunelleschis Kuppel über dem Dom

12 Die Fassade von Siena 99
Pisanos Meisterwerk am Dom

14 Eine Kapelle in San Gimignano 107
Ghirlandaios Fresken in der Domkapelle Santa Fina

30 Der Dom von Pisa 138
Blaupause für toskanische Sakralbauten

Wein und Genuss

Toskana und edle Tropfen – das klingt nach einer perfekten Symbiose, und genau das ist es auch. Die Sangiovese-Traube prägt die Region, vom Chianti bis zum Brunello. Doch gibt es auf einer Reise durch die Toskana auch noch viele weitere gute (und sehr gute) Weine zu entdecken.

4 Chianti Classico in Greve 83
Weinseliges aus der Hauptstadt des Chianti

14 Vernaccia aus San Gimignano 109
Leichte weiße Glückseligkeit

18 Montepulciano und der Sangiovese 113
Der beste Rotwein Italiens?

20 Montalcinos edelste Tropfen 117
Erlesenste Sorten, als Wunderweine gerühmt

Spaß am Strand

Mit mehr als 300 Kilometern Küste lässt sich entlang der toskanischen Strände oder auch auf Elba immer ein ganz unbeschwerter Sommerurlaub mit der ganzen Familie verbringen – mindestens aber lockt das Meer für ein paar Tage Erholung vom Kunstgenuss landeinwärts.

25 Castiglione della Pescaia 126
Badevergnügen im Fischerort

27 Viareggio 128
Promigucken im Seebad

28 Forte dei Marmi 129
Der Ruf verpflichtet, gepflegte Beach Clubs inklusive

Prächtige Panoramen

Einmalige Blicke über einmalige Landschaften oder über das Tyrrhenische Meer: In der Toskana gibt es eine stattliche Zahl von Orten, die Weitblick erlauben. Beeindruckend sind sie alle, doch manche davon lassen dem Betrachter wahrlich das Herz aufgehen.

14 San Gimignanos Geschlechtertürme 106
Das »Manhattan des Mittelalters«

21 Pienzas »Ideale« 118
Idealer Blick aus der »idealen Stadt«: aufs Orcia-Tal

22 Elbas Meerblick 122
Vom Monte Capanne aus ist das Panorama famos

1

Souvenirs für jedermann

Die Toskana ist kein Paradies für Schnäppchenjäger, doch die Auswahl an Kleidung, Accessoires, Schmuck und Feinkost sucht ihresgleichen. Ob in Florenz, unweit von der Piazza della Signoria, in der Alabasterstadt Volterra oder süße Köstlichkeiten in Arezzo – hier findet jeder ein individuelles Mitbringsel (auch gern für sich selbst).

1 Junge Mode aus Florenz ... 76
Eine Fundgrube ist die Via del Proconsolo

13 Alabaster aus Volterra ... 106
Schmuck, Büsten und Zierrat

36 Süße Verführung in Arezzo ... 163
Vestri Cioccolato, ein Paradies für Naschkatzen

13

Auf den Spuren der Etrusker

Dieses immer noch von einigen Rätseln umgebene Volk, das seinen Wohlstand der Gewinnung und Verarbeitung von Metallerzen verdankte, regen Seehandel mit der griechischen Welt führte und der Toskana ihren Namen gab, baute ein beachtliches Imperium auf, bevor seine Kultur um das Jahr 100 v. Chr. im Römischen Reich aufging.

13 Volterra ... 104
Eine der ältesten etruskischen Ansiedlungen

15 Colle di Val d'Elsa ... 109
Artefakte im Archäologischen Museum

19 Zeitzeugen nahe Chiusi ... 115
Das Grabmal des Etruskerkönigs

7

Unverfälschtes Dorfleben

Viele toskanische Orte haben sich trotz Tourismus ihren unverfälschten Charme bewahrt und punkten mit viel Authentizität und entspannter Atmosphäre: in Panzano etwa rund um die Piazza Bucciarelli, auf dem Hauptplatz in Castellina oder im historischen Zentrum von Poppi.

5 Panzano ... 85
Dorf auf hübschem Hügel

7 Castellina ... 87
Eine Auszeit mitten im Chianti

39 Poppi ... 166
Eines der »schönsten Dörfern Italiens«

Aperitivo, Abend und Nacht

So mancher laue Sommerabend will einfach nie zu Ende gehen: Eine typische »notte italiana« gehört für viele Reisende zu einem rundum gelungenen Urlaub, und am schönsten erlebt man diese beispielsweise auf dem Dorfplatz in Greve, südlich des Arno im studentischen Pisa sowie in den Bars von Siena – besonders, aber nicht nur, in den Nächten vor dem Palio.

4 Zum Genießen nach Greve ... 83
Aperitivi bis spät nach Sonnenuntergang

30 Studentisches Flair in Pisa ... 136
Junges (Nacht-)Leben jenseits des Schiefen Turms

12 Gemütlichkeit in Siena ... 96
Notte Italiana mit Wein und Knabbereien in den Bars

30

Besondere Ecken für Romantiker

Ob frisch oder neu verliebt: In Italien wird einem das Herz ganz leicht, und das liegt nicht nur daran, dass das Wetter hier meistens besser ist als anderswo. Manche Orte eignen sich ganz besonders gut für ein Rendezvous – und für Frühlingsgefühle in allen Jahreszeiten.

6 Mittelalterflair in Radda in Chianti ... 86
Hand in Hand durch das Gewölbe

21 Auf Pienzas Wochenmarkt ... 118
Bummeln, schauen, staunen, verkosten

37 Stadtbummel in Cortona ... 163
Flanieren vor Filmkulisse

37

Burgen und Schlösser

Bei aller Lieblichkeit der Szenerie(n): In der Toskana tobten über Jahrhunderte hinweg erbitterte Kriege zwischen den Städten. Viele Festungsanlagen und trutzige Repräsentativbauten sind noch heute zu besichtigen und geben einen Eindruck von mächtig-prächtiger Wehrhaftigkeit.

3 Stauferburg in Prato ... 82
Im Sommer ein stimmungsvoller Veranstaltungsort

17 San Miniatos Rocca ... 112
Hier blieb nur ein Turm, aber was für einer!

39 Castello dei Conti Guidi in Poppi ... 167
Noch fast komplett erhalten

39

Florenz und Chianti – Kultur und Genuss im Überfluss

Von der Hauptstadt der Region mit ihren atemberaubenden Kunstschätzen geht es hinaus in die sanften Hügel des Chianti

Wohl für jeden Reisenden ist Florenz die erste und wichtigste Station eines Toskana-Urlaubs. Die Kunstschätze, die in der Hauptstadt der Region zu bewundern sind – Kirchen, Palazzi, Gemälde, Fresken, Statuen –, reichen beinahe für ein ganzes Leben. Dazu kommt viel italienisches Stadtflair, ob im Norden oder im Süden des Arno, der die Stadt mittig durchteilt. Auch Fiesole sollte Reisenden einen Abstecher wert sein. Wer toskanische Landschaften bewundern will, ist in der Weinregion Chianti gut aufgehoben. Der Hauptort Greve ist besonders zum Einkaufen geeignet, romantisch bummeln lässt es sich in den kleinen Dörfern wie Radda, Castellina oder Panzano. Fast an jeder Ecke lässt sich der weltberühmte Chiantiwein probieren, ob als einfacher Landwein oder zum Chianti Classico Riserva veredelt.

In diesem Kapitel:

1 **Florenz** 66
2 **Fiesole** 80
3 **Prato** 81
4 **Greve in Chianti** 83
5 **Panzano** 85
6 **Radda in Chianti** 86
7 **Castellina in Chianti** 87
8 **Empoli** 88
9 **Vinci** 89
10 **Montecatini Terme** 90
11 **Pistoia** 91
Übernachten 92

ADAC Top Tipps:

Galleria degli Uffizi, Florenz
| Museum |

Einmalige Sammlung in den ehemaligen Regierungsräumen, randvoll mit herausragenden Kunstwerken. 67

Piazza della Signoria, Florenz
| Platz |

Mittelpunkt der Stadt mit dem Palazzo Vecchio und vielen Statuen – ein echtes Gesamtkunstwerk. 68

Cattedrale di Santa Maria del Fiore, Florenz
| Kathedrale |

Sakrales Meisterwerk von Brunelleschi, bezaubernd fein gearbeitete Fassade, Glockenturm von Giotto. 69

ADAC Empfehlungen:

1 Galleria dell'Accademia, Florenz
| Museum |
Nach den Uffizien das bedeutendste Museum der Stadt. 74

2 Farmacia Santa Maria Novella, Florenz
| Apotheke |
Die älteste Apotheke der Welt. 76

3 Vivoli, Florenz
| Eisdiele |
Bestes Eis in Florenz, kühlt und schmeckt nach jedem Stadtrundgang. 77

4 Palazzo Pitti, Florenz
| Museum |
Zahlreiche Museen in einer ehemaligen Medici-Residenz. 77

5 Giardino di Boboli, Florenz
| Garten |
Statuen, Teiche, Brunnen: Zauberhafter, parkähnlicher Garten in Florenz. 78

6 Piazzale Michelangelo, Florenz
| Aussichtspunkt |
Hier hat man einen Traumblick über die Renaissance-Stadt Florenz. 78

7 Macelleria Falorni, Greve
| Feinkost |
Metzgerei mit angeschlossenem Bistro direkt am Hauptplatz in Greve. 84

8 L'Orologio, Florenz
| Hotel |
Ein Hotel, dessen Design ganz vom Thema Uhren bestimmt wird. 93

1 Florenz

Große Stadt der kleinen Wege, Sehenswertes an jeder Ecke

Als älteste Brücke der Stadt verbindet der Ponte Vecchio die beiden Ufer des Arno

Information

- UIT, 50129 Florenz, Via Cavour 1 Rosso, Tel. 055 29 08 32, www.afirenze.info/apt-firenze; Infopoints an der Piazza della Stazione 5, Piazza San Giovanni 1 und am Flughafen.
- Parken: siehe S. 75, 78

Die Toskana gilt als die Kulturlandschaft schlechthin. Rund 20 000 Kulturdenkmäler sollen hier gezählt worden sein, mehr als irgendwo sonst in Italien – wobei das Besondere gar nicht mal allein die beeindruckende Zahl der hier zu bewundernden Kunstwerke ist, sondern auch und vor allem deren Qualität. Am meisten davon findet man in Florenz: Nicht zufällig war das historische Zentrum der toskanischen Kapitale der erste Ort der Region, der im Jahr 1982 in die Liste des UNESCO-Welterbes aufgenommen wurde.

Nördlich des Arno

In der Altstadt und in Santa Croce schlägt das Renaissance-Herz der Stadt

Aus welcher Himmelsrichtung man sich Florenz auch nähert, stets fällt zuerst der Blick auf Brunelleschis überwältigend schöne Domkuppel. Aber auch das Santa-Croce-Viertel im Osten mit seinen sehenswerten Kirchen und

Plan S. 70/71

Museen ist nur ein paar Schritte vom eigentlichen Stadtzentrum nördlich des Arno entfernt – die Nähe aller wichtigen Sehenswürdigkeiten macht ja gerade den besonderen Charme dieser Renaissance-Metropole aus.

Im Nordwesten des Stadtzentrums ist der Mercato Centrale der Lebensmittelpunkt der Florentiner. Drumherum gibt es Palazzi und die älteste Apotheke der Welt. Im Nordosten der Innenstadt, mitten im Universitätsviertel, findet man in der Galleria dell'Accademia Michelangelos weltberühmten David – im Original, während die Kopie auf der Piazza della Signoria steht, dem zentralen Platz der Stadt.

Sehenswert

1 Galleria degli Uffizi

| Museum |

Eine der wichtigsten Kunstsammlungen der Welt

Das von Cosimo I. de' Medici (1519–1574) als Großherzog der Toskana in Auftrag gegebene, u.a. von Giorgio Vasari entworfene Gebäude – ein hufeisenförmig angelegter Palast, für dessen Bau ganze Häuserzeilen abgerissen werden mussten – war zunächst als Verwaltungsgebäude für die Büros (»uffizi«) des damaligen Herzogtums Toskana bestimmt. Dass daraus ein Museum wurde, ergab sich zufällig: Francesco de' Medici, Cosimos Nachfolger ab dem Jahr 1574, wollte es sich beim Regieren gemütlich machen und verschönerte seine Räumlichkeiten mit seiner Kunstsammlung. Spätere Regenten taten es

ADAC Mobil

Der Nahverkehr in Florenz ist gut ausgebaut, das neugegründete Unternehmen **Autolinee Toscane** unterhält etwa 100 Buslinien, außerdem werden derzeit Straßenbahnen gebaut. 90 Minuten kosten 1,50 €, es gibt auch Mehrtages- und Familientickets. Die sogenannten **City Lines** im Centro Storico haben die Bezeichnung C1, C2, C3 und D, die Nachtbusse R, S1, S3, SC und SF. Alle Linien und Abfahrtszeiten unter www.at-bus.it. Eine **Hop-On/Hop-Off-Tour** im offenen Doppeldeckerbus mit 24- oder 72-Stunden-Ticket mit 15 Haltestellen kostet ab 18 €.

ihm gleich, und bald hatte die Kunst die Bürokratie verdrängt. Heute beherbergt das zu Medici-Zeiten nur einer kleinen Zahl von »Liebhabern« vorbehaltene, offiziell im Jahr 1765 eröffnete Museum eine der wichtigsten Kunstsammlungen der Welt mit Meisterwerken der italienischen, niederländischen und deutschen Malerei, antiken Bildwerken und Skulpturen der Neuzeit. Zu den Höhepunkten zählen Sandro Botticellis »Die Geburt der Venus«, die Madonnentafeln von Cimabue und Giotto, Piero della Francescas Doppelporträt des Herzogpaars von Urbino, Michelangelos »Heilige Familie« und Raffaels »Papst Leo X«.

■ Piazzale degli Uffizi, Di–So 8.15–18.50 Uhr, 20 €, erm. 10 €, Online-Res. 4 €, 5 Tage (auch für Palazzo Pitti und Giardino di Boboli) 38 €. Um lange Warteschlangen zu umgehen, kauft man die Tickets am besten im Voraus unter www.uffizi.it und bekommt dabei ein festes, 15-minütiges Zeitfenster für den Eintritt zugewiesen

2 Piazza della Signoria

| Platz |

2 *Renaissance-Ensemble mit Palazzo Vecchio, Loggia, David*

Optisch dominiert wird die gesamte Piazza vom Palazzo Vecchio – der Turm ist 94 m hoch. Im Inneren sehenswert ist der nach dem Vorbild des Versamm-

Seit dem 14. Jh. ist die Piazza della Signoria das politische Zentrum der Stadt

lungssaals in Venedigs Dogenpalast angelegte »Saal der 500«. Davor steht Michelangelos David – das Symbol von Florenz, vielleicht sogar der gesamten Renaissance. Von der einstigen Bedeutung der Piazza della Signoria für das politische Leben der Republik Florenz zeugt die in den Jahren 1376 bis 1382 als Loggia della Signoria oder Loggia dell'Orcagna errichtete Loggia dei Lanzi. Ihren heutigen Namen erhielt sie unter Cosimo I. de' Medici, der dort deutsche Landsknechte (»lanzichenecchi«) postierte.

■ Museo di Palazzo Vecchio, www.museicivicifiorentini.comune.fi.it, Mo–So 9–23, Do bis 14, Winter bis 19 Uhr, 12 €, erm. 10 €

ADAC Spartipp

Sparen Sie sich die »FirenzeCard«! Sie gilt 72 Std. lang für alle Museen und kostet 85 € – klingt verführerisch, aber Sie müssten in den drei Tagen schon ein strammes Kulturprogramm absolvieren, um davon zu profitieren. Auch die »Firenze Card+«, die 7 € mehr kostet, aber auch als Busfahrkarte gültig ist, dürfte für die meisten Reisenden **wenig sinnvoll** sein, denn in Florenz sind die Wege kurz.

3 Museo Nazionale del Bargello

| Museum |

Im Inneren wie auch im Hof des heutigen Museums, der früher eine Hinrichtungsstätte war, stehen Statuen von Michelangelo und Donatello, die in den Uffizien keinen Platz mehr hatten – ein Luxusproblem, um das andere Städte die Florentiner beneiden.

■ Via del Proconscolo 4, www.museodelbargello.it, Di–So 8.15–17 Uhr, 15 €, erm. 5 €

4 Cattedrale di Santa Maria del Fiore

| Kathedrale |

Wundervoller Bau, dessen Kuppel die Altstadt dominiert

Die im Jahr 1436 geweihte florentinische Kathedrale gehört zu den größten Kirchen der Welt. Sie ist 153 m lang und 39 m breit, die lichte Höhe im Inneren der Kuppel beträgt vom Boden bis zur Spitze 90 m (Außenhöhe bis zur Laterne: 114 m). Für den von Giotto entworfenen, 85 m hohen, frei stehenden Glockenturm schuf Andrea Pisano aus Terrakotta gestaltete Reliefplatten. Die von Filippo Brunelleschi erbaute

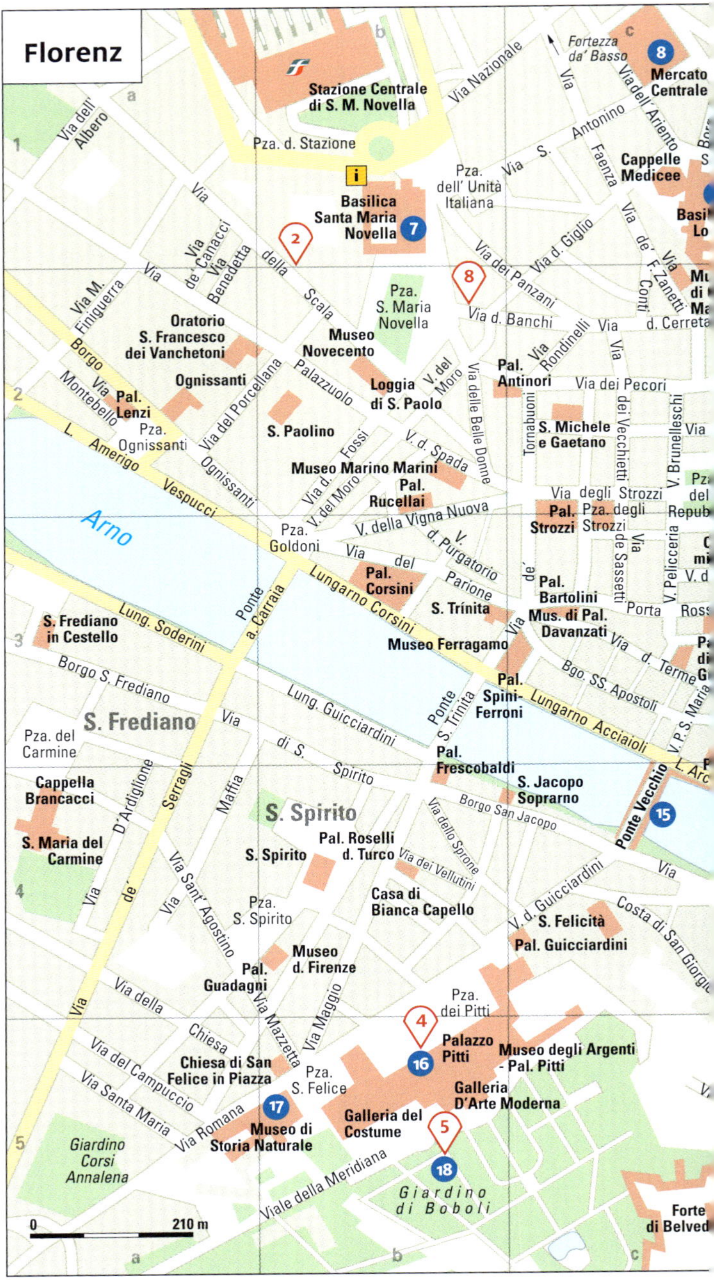

Florenz

Fortezza da' Basso
Mercato Centrale
Stazione Centrale di S. M. Novella
Via Nazionale
Via dell' Albero
Pza. d. Stazione
Via S. Antonino
Via dell'Ariento
Via Faenza
Cappelle Medicee
Pza. dell' Unità Italiana
Basilica Santa Maria Novella
Via della Scala
Via d. Giglio
Via dei Panzani
Via de' Conti
Via F. Zanetti
Via de' Canacci
Via Benedetta
Via M. Finiguerra
Pza. S. Maria Novella
Via d. Banchi
Via d. Cerretani
Oratorio S. Francesco dei Vanchetoni
Museo Novecento
Via Rondinelli
Borgo Ognissanti
Ognissanti
Via Palazzuolo
Loggia di S. Paolo
V. del Moro
Pal. Antinori
Via dei Pecori
Via Montebello
Pal. Lenzi
Pza. Ognissanti
Via del Porcellana
S. Paolino
Via delle Belle Donne
Tornabuoni
S. Michele e Gaetano
Via dei Vecchietti
V. Brunelleschi
L. Amerigo Vespucci
Via d. Fossi
V. d. Spada
Museo Marino Marini
Pal. Rucellai
Via degli Strozzi
Pza. della Repubblica
Arno
V. del Moro
Pza. Goldoni
V. della Vigna Nuova
Pal. Strozzi
Pza. degli Strozzi
V. d. Purgatorio
Via del Parione
Pal. Corsini
Via de' Sassetti
V. Pellicceria
Ponte a Carraia
Lungarno Corsini
S. Trínita
Pal. Bartolini
Mus. di Pal. Davanzati
Porta Rossa
S. Frediano in Cestello
Lung. Soderini
Museo Ferragamo
Via d. Terme
Borgo S. Frediano
Pal. Spini-Ferroni
Bgo. SS. Apostoli
Lungarno Acciaioli
S. Frediano
Via di S. Spirito
Lung. Guicciardini
Ponte S. Trinita
V. P. S. Maria
Pza. del Carmine
Pal. Frescobaldi
L. Archibusieri
Cappella Brancacci
Via D'Ardiglione
Via de' Serragli
Via Maffia
S. Spirito
S. Jacopo Soprarno
Borgo San Jacopo
Ponte Vecchio
S. Maria del Carmine
S. Spirito
Pal. Roselli d. Turco
Via dello Sprone
Via dei Vellutini
Via Sant' Agostino
Pza. S. Spirito
Casa di Bianca Capello
V. d. Guicciardini
Costa di San Giorgio
S. Felicità
Pal. Guicciardini
Museo d. Firenze
Pal. Guadagni
Via della Chiesa
Via Mazzetta
Via Maggio
Pza. dei Pitti
Palazzo Pitti
Museo degli Argenti - Pal. Pitti
Via del Campuccio
Chiesa di San Felice in Piazza
Pza. S. Felice
Galleria D'Arte Moderna
Via Santa Maria
Via Romana
Museo di Storia Naturale
Galleria del Costume
Giardino Corsi Annalena
Viale della Meridiana
Giardino di Boboli
Forte di Belvedere
0 210 m

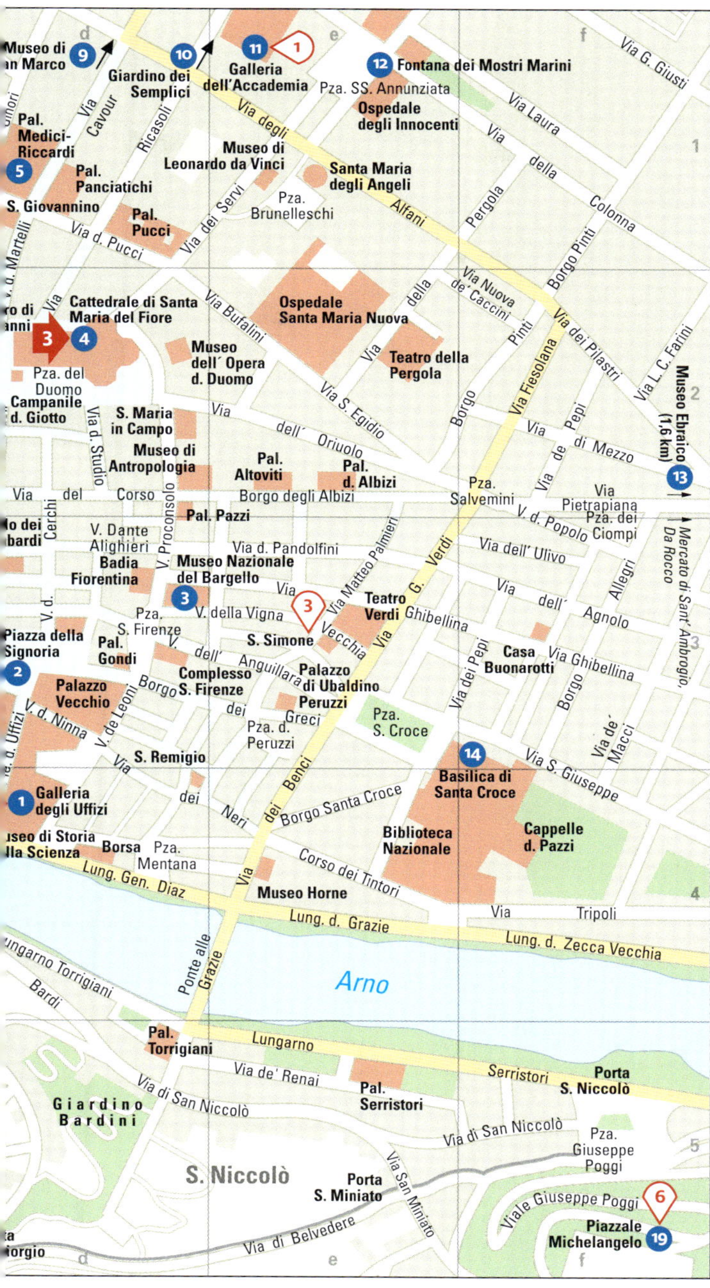
Museo di San Marco
Giardino dei Semplici
Galleria dell'Accademia
Fontana dei Mostri Marini
Pza. SS. Annunziata
Ospedale degli Innocenti
Pal. Medici-Riccardi
Pal. Panciatichi
Museo di Leonardo da Vinci
Santa Maria degli Angeli
Pza. Brunelleschi
S. Giovannino
Pal. Pucci
Ospedale Santa Maria Nuova
Cattedrale di Santa Maria del Fiore
Museo dell´Opera d. Duomo
Teatro della Pergola
Pza. del Duomo
Campanile d. Giotto
S. Maria in Campo
Museo di Antropologia
Pal. Altoviti
Pal. d. Albizi
Pza. Salvemini
Pal. Pazzi
Badia Fiorentina
Museo Nazionale del Bargello
Teatro Verdi
Piazza della Signoria
Pal. Gondi
S. Simone
Complesso S. Firenze
Palazzo di Ubaldino Peruzzi
Casa Buonarotti
Palazzo Vecchio
Pza. S. Croce
Pza. d. Peruzzi
S. Remigio
Basilica di Santa Croce
Galleria degli Uffizi
Biblioteca Nazionale
Cappelle d. Pazzi
Borsa
Pza. Mentana
Museo Horne
Museo Ebraico (1,6 km)
Mercato di Sant´Ambrogio, Da Rocco
Arno
Ponte alle Grazie
Pal. Torrigiani
Giardino Bardini
Pal. Serristori
Porta S. Niccolò
Pza. Giuseppe Poggi
S. Niccolò
Porta S. Miniato
Piazzale Michelangelo
Via Cavour
Via degli Alfani
Via della Colonna
Via Laura
Via G. Giusti
Borgo Pinti
Via dei Servi
Via Ricasoli
Via d. Pucci
Via Bufalini
Via Nuova de' Caccini
Via dei Pilastri
Via L. C. Farini
Via Fiesolana
Via S. Egidio
Via dell' Oriuolo
Borgo degli Albizi
Via del Corso
Via Pietrapiana
Pza. dei Ciompi
V. d. Popolo
Via dell' Ulivo
Via dell' Agnolo
Via Ghibellina
Via G. Verdi
Via Matteo Palmieri
V. della Vigna Vecchia
V. dell' Anguillara
Borgo dei Greci
Via dei Neri
Via dei Benci
Borgo Santa Croce
Corso dei Tintori
Via S. Giuseppe
Via Tripoli
Lung. Gen. Diaz
Lung. d. Grazie
Lung. d. Zecca Vecchia
Lungarno Torrigiani
Lungarno Serristori
Via de' Renai
Via di San Niccolò
Via San Miniato
Via di Belvedere
Viale Giuseppe Poggi

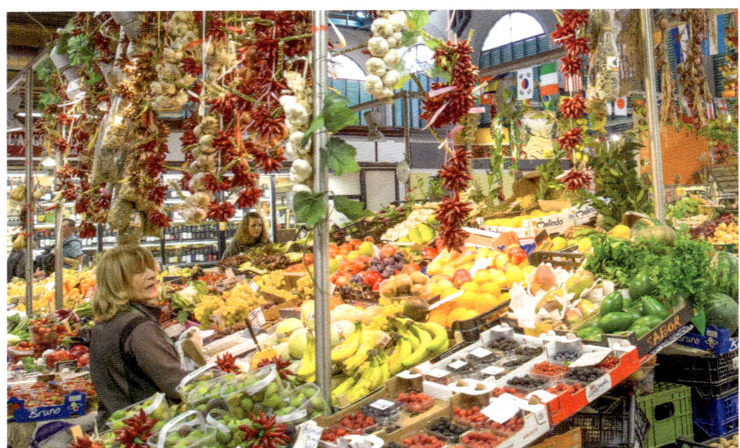

Die Auslagen auf dem Mercato Centrale lassen Gourmetherzen höher schlagen

Kuppel ist das Prunkstück der Kathedrale – mit einem Durchmesser von etwa 45 m war sie die größte ihrer Zeit. Vor der Kathedrale steht die achteckige Taufkirche San Giovanni, deren Ursprünge wohl bis ins 4. Jh. zurückreichen. Berühmt ist die von Lorenzo Ghiberti entworfene »Paradiestür« mit zehn Bildtafeln in Flachrelieftechnik.

■ Piazza del Duomo, Mo–Sa 10–16.45, So ab 13.30 Uhr, Kuppel/Campanile 20 €

5 Palazzo Medici-Riccardi

| Palast |

Dieser von Michelozzi erbaute Palast wurde um 1444 von Cosimo de' Medici (genannt »il Vecchio«, der Alte, 1389–1464), in Auftrag gegeben, damals der mächtigste Bankier der Stadt. Er gilt als erster Profanbau der Frührenaissance.

■ Via Cavour 3, tgl. 9–19 Uhr, 7 €

6 Basilica di San Lorenzo

| Kirche |

Die älteste Kirche der Stadt, schon im Jahr 393 geweiht, später im Inneren von Brunelleschi erneuert. Seit 1418 hielten die Medici hier Hochzeiten, Begräbnisse und auch Taufen ab – deswegen hießen so viele Mitglieder der Medici Lorenzo. Nebenan findet man das Mausoleum der Familiendynastie. ■ Piazza di San Lorenzo 9, Mo–Sa 10–17, So 13.30–17.30 Uhr, 6 €

7 Basilica Santa Maria Novella

| Kirche |

Die Fassade aus verschiedenfarbigem Marmor ist eine Pracht. Diese setzt sich auch im Inneren fort, etwa in Fresken wie Sandro Botticellis »Christi Geburt« oder Tommaso Masaccios »Die Heilige Dreifaltigkeit«, das als erstes nach den wissenschaftlichen Prinzipien der Zentralperspektive konstruiertes Gemälde in die Kunstgeschichte einging.

■ Piazza Santa Maria Novella, 7,50 €

8 Mercato Centrale

| Markthalle |

Die zentrale Markthalle von Florenz, auch unter dem Namen Mercato di San Lorenzo bekannt, wurde im Jahr 1874 errichtet. Ihre Konstruktion aus Glas

Im Blickpunkt

Alles was gut ist: Kulinarische Spezialitäten der Toskana

In der Toskana kommt gern viel Fleisch auf den Tisch: »bistecca alla fiorentina« etwa, ein gewaltiges gegrilltes Porterhouse- oder T-Bone-Steak. Die »pici«, eine dicke Nudelart, brauchen bis zu 20 Minuten im kochenden Wasser – danach befindet man sich im Pasta-Paradies. Besonders beliebt sind sie mit »ragù di cinghiale«, Wildschweinragout. Die »ribollita«, eine dicke Suppe aus Brot, Gemüse und Bohnen, sieht nicht gerade ansehnlich aus, ein Genuss ist sie doch. 14 Millionen Olivenbäume gibt es in der Region und vier DOP-Öle: Chianti Classico, Terre di Siena, Toscano und Lucca. Eine süße Spezialität sind »cantucci«, Mandelkekse. Am besten tunkt man sie in den Dessertwein Vin Santo, dessen Name (der zunächst wie »heiliger Wein« klingt) sich vermutlich von der schon in der Antike Süßweine exportierenden griechischen Insel Santorin ableitet – dann werden sie weich und lassen sie sich besser kauen. »Schiacciata alla fiorentina«, ein gern mit einer Prise Safran verfeinerter Orangenkuchen, ist besonders zur Karnevalszeit beliebt. Die würzige »finocchiona«-Wurst ist eine mit Fenchel verfeinerte Salami und die »fettunta« nicht viel mehr als eine Scheibe toskanischen (salzlosen) Brots, mit Olivenöl und etwas Knoblauch bestreut. Für eine weitere florentinische Spezialität braucht man einen ziemlich robusten Magen: »trippe«, zu deutsch Kutteln, sind seit Jahrhunderten das Leibgericht der Städter. Es wird in Dutzenden »trippai« verkauft – mobile Stände fliegender Händler, von denen einige ihr Geschäft bereits vom Vater und Großvater übernommen haben. Es gibt verschiedene Möglichkeiten, die Kutteln zuzubereiten, doch für die meisten Feinschmecker ist die »trippa alla fiorentina« (mit Tomatensauce) die einzig wahre. Einer der berühmtesten »trippai« in Florenz ist Sergio Pollini mit seinem kleinen Kiosk in der Via dei Macci, der die Kutteln neben der klassischen Art auch im »panino« serviert (»lampredotto«).

Im Blickpunkt

Vom Zauber des David

Die in den Jahren 1501 bis 1504 von Michelangelo geschaffene, über fünf Meter hohe und rund sechs Tonnen schwere Statue des David ist ein Meilenstein der Kunstgeschichte, mit der es dem Künstler gelang, neue Ideale zu verkörpern: Während in der traditionellen Ikonografie das Martialische des Kampfes David gegen Goliath betont wurde, um dessen Sieg als Triumph der Religion zu deuten, steht Michelangelos David für Tugenden, die im Stadtstaat Florenz politisch geschätzt wurden: Jugendlichkeit, Besonnenheit, Wehrhaftigkeit. In Auftrag gegeben wurde die Statue von der Arte Della Lana, der einflussreichen Wollweberzunft in Florenz. Gefertigt wurde sie aus einem riesigen Carrara-Marmorblock, den zuvor schon Vorgänger von Michelangelo bearbeitet hatten.

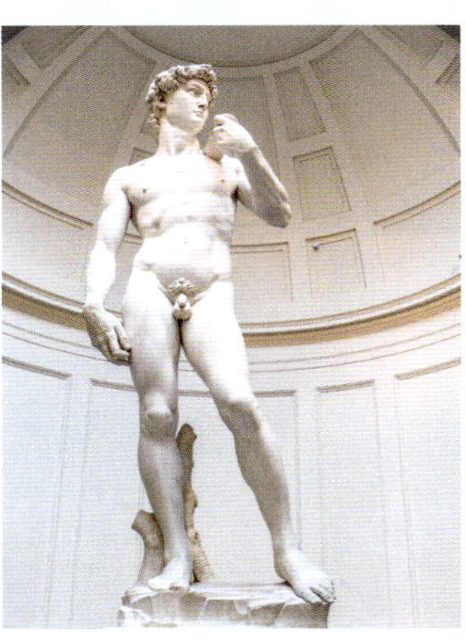

und Gusseisen entwarf Giovanni Mengoni, der sich auch als Architekt der Galleria Vittorio Emanuele II in Mailand einen Namen machte. Im Erdgeschoss kaufen die Florentiner an den überbordenden Ständen ihre Produkte für den täglichen Bedarf ein. Im ersten Stock bieten allerlei Streetfood-Stände eine Fülle an Köstlichkeiten an.

■ Piazza del Mercato Centrale – Via dell' Ariento, www.mercatocentrale.it, Mo–Sa 7–14 Uhr

 Museo di San Marco

| Museum |

Cosimo stiftete den Dominikanern die Kirche, später lebte Girolamo Savonarola dort, sein berühmtes Porträt mit der markanten Nase, gemalt von Fra Bartolomeo, ist hier zu bewundern. Napoleon vertrieb schließlich die Mönche. Heute ist es auch ein Museum mit herrlichen Kunstwerken und einer imponierenden Bibliothek. Viele Werke stammen von Fra Beato Angelico.

■ Piazza San Marco, Mo–Fr 8.15–13.50, Sa, So bis 16.50 Uhr, 8 €, erm 2 €

 Giardino dei Semplici

| Park |

Der botanische Garten, ebenfalls von Cosimo initiiert, war einer der ersten weltweit – ein wunderbarer Rückzugsort auf 2 ha, mit Palmen und weiteren exotischen Pflanzen, die in der freien Natur teilweise vom Aussterben bedroht sind.

■ Via Pier Antonio Micheli 3, Mo, Di, Do, Fr 10–19, Sa, So bis 16 Uhr, 6 €, erm. 3 €

 Galleria dell'Accademia

| Museum |

 *Der echte David und weitere Meisterwerke Michelangelos*

Um die ursprünglich auf der Terrasse vor dem Palazzo Vecchio aufgestellte

Statue des David vor der Witterung zu schützen, wurde sie dort durch eine Kopie ersetzt und das Original im Jahr 1873 in die Galleria dell'Accademia gebracht. Hier sind auch noch weitere Meisterwerke von Michelangelo zu bewundern, darunter vier unvollendet gebliebene Gefangenenfiguren, die Michelangelo für das Grab von Papst Julius II. in Rom schuf. Untergebracht ist die Accademia – 1563 unter der Schirmherrschaft von Cosimo I. de' Medici gegründet und von Giorgio Vasari wohl als erste europäische Akademie für Malerei konzipiert – im Ospedale di San Matteo, dem ehemaligen Krankenhaus von San Matteo.

■ Via Ricasoli 58/60, www.galleriaaccademiafirenze.beniculturali.it, Di–So 8.15–18.50 Uhr, 12 €, erm 2 €

 Fontane dei Mostri Marini

| Brunnen |

Die beiden bronzenen Brunnen der wasserspeienden Meeresungeheuer, 1642 von Pietro Tacca erschaffen, gelten als Meisterwerke des Manierismus.

■ Piazza Santissima Annunziata

 Museo Ebraico

| Museum |

Synagoge mit einer Sammlung von Silber, Stoffen und Kultgegenständen, eingerahmt von Fresken und Mosaiken. Schon das monumentale Gebäude mit seiner grünen Kuppel ist ein Blickfang.

■ Via Farini 6, So–Do 9.30–18.30, Fr bis 17, im Winter Sa, So bis 17.30 Uhr, 6,50 €

 Basilica di Santa Croce

| Kirche |

Den Grundstein zu dem gotischen Bau soll Franz von Assisi gelegt haben. Die sterblichen Überreste von Michelangelo, Macchiavelli und Galilei sind inmitten von Giottos meisterhaften Fresken aufbewahrt, keine Kirche in Florenz bietet mehr Kunst. Einige Werke wurden beim verheerenden Hochwasser von 1966 beschädigt.

■ Piazza Santa Croce, Mo–Sa 9.30–17, So 13–17 Uhr, 8 €, erm 6 €

 Parken

Die Innenstadt ist für den Autoverkehr fast ganz gesperrt, viele Hotels bieten aber Parkplätze an und helfen bei der Unterbringung. Einen schnellen Zugang zur Innenstadt ermöglicht das kostenpflichtige Parkhaus Santa Maria Novella (Piazza della Stazione, Plan S. 70/71 nördl. c1). Wer sein Glück näher an der Innenstadt versuchen will: Alle blauen Parkplätze sind kostenpflichtig, weiße nur für Anwohner, gelbe für Menschen mit Handicap.

 Restaurants

€ | **Vini e Vecchi Sapori** Gemütliche Osteria mit toskanischen Gerichten zu fairen Preisen. ■ Via dei Magazzini 3r, Mo–Sa 12.30–14.30, 19.30–22.30 Uhr, Plan S. 70/71 d3

€€ | **Santarpia** Jede Zutat seiner fabelhaften Holzofenpizzen kommt wie Giovanni Santarpia selbst aus Kampanien, dazu gibt es weitere neapolitanische Spezialitäten. ■ Largo Pietro Annigoni 9,

ADAC Spartipp

Wer Florenz nur als Tagesbesucher erleben will, kann sich die teuren Parkplätze dort sparen: lieber in **Fiesole kostenfrei parken** und mit der Buslinie Nr. 7 die Innenstadt in etwa 30 Min. erreichen.

Historische Apotheke: die Officina Profumo-Farmaceutica di Santa Maria Novella

Tel. 055 24 58 29, Di–So 19.30–24 Uhr, Sa, So auch mittags

€€€ | SE·STO on Arno Restaurant im 6. Stock des Hotels Westin Excelsior mit Traumblick über den Arno. Vorzügliches Safranrisotto, aber auch Clubsandwich oder Angus-Cheeseburger. ■ Piazza Ognissanti 3, Tel. 055 27 151, www.sestoonarno.com, tgl. 12.30–14.30, 19.30–22.30 Uhr, Plan S. 70/71 a2

Cafés

Ditta Artigianale Morgens gibt es hier eine riesige Auswahl an verschiedenen Kaffeesorten, nachmittags und abends eine Gin-Bar mit erlesenen Wahlmöglichkeiten. ■ Via dei Neri 32r, tgl. 8–22 Uhr, Plan S. 70/71 d4

Einkaufen

Riva Erstklassige, handgemachte Lederwaren wie Jacken, schicke Handtaschen, Reisekoffer, Portemonnaines und Gürtel – dafür ist Florenz seit Jahrhunderten berühmt. ■ Via del Proconsolo 12, Plan S. 70/71 d3

Art & Libri Florenz ist eine bibliophile Stadt – ideal für Buchliebhaber. Hier gibt's Kunst- und Architekturbände, viel Antiquarisches. ■ Via dei Fossi 32r, Plan S. 70/71 b2

Curiosa Mente Winzige inhabergeführte Buchhandlung nicht weit vom Domplatz, mit Regalen bis unter die Decke. Auch internationale Bücher und Raritäten werden angeboten, die das Sammlerherz höher schlagen lassen. ■ Via dei Servi 94r, Plan S. 70/71 e1

Gastronomia Galanti Andrea Galanti, einer der besten Sommeliers Italiens, übernahm das Delikatessengeschäft seiner Eltern und führt nun neben einer exzellenten Enoteca auch ein kleines Speiselokal. ■ Piazza della Libertà 31r, Tel. 055 49 03 59, Mo–Fr 8.30–20 Uhr, Sa Nachm. und So geschl., Plan S. 70/71 nördl. e1

2 **Officina Profumo-Farmaceutica di Santa Maria Novella** Seit dem Jahr 1381 aktiv, und damit eine der äl-

testen Apotheken der Welt, seit 1612 hat sie hier ihren Sitz und verkauft neben Medikamenten auch Düfte, Salben und Hustenbonbons – alles aus eigener Produktion. ■ Via della Scala 16, tgl. 9–20 Uhr, Plan S. 70/71 b2

3 **Vivoli** Hier gibt's das beste Gelato der Stadt sowie weitere köstliche süße Sünden. ■ Via dell'Isola delle Stinche 7r, Di–Sa 7.30–24, So 9–24 Uhr, Plan S. 70/71 e3

Kneipen, Bars und Clubs

Joshua Tree Pub Einer der beliebtesten Treffpunkte der Stadt, viel junges Publikum, gute Stimmung. ■ Via della Scala 37, tgl. ab 16 Uhr, Plan S. 70/71 a1

Le Murate Caffè Letterario Das Café fungiert auch als Veranstaltungsort für Konzerte, Lesungen und Ausstellungen. Kleine Speisekarte. ■ Piazza delle Murate 1, Mo–Fr 10.30–1, Sa 11–1, So 15–1 Uhr, Plan S. 70/71 f3

Vini e delizie Gemütliche Weinstube mit toskanischen Tropfen; es gibt sowohl große Marken darunter als auch kleine, feine Entdeckungen. Als Tische fungieren alte Weinfässer. Zum Wein werden Käse- oder Aufschnittplatten serviert. ■ Via dei Banchi 45/r, Tel. 055 215686, Mo–Do 11–21.30, Fr, Sa 11–24 Uhr, Plan S. 70/71 b2

Kinder

Auf der Piazza della Repubblica steht ein reich verziertes **Karussell**, das sich mit seinen 20 Pferden und zwei Kutschen seit Beginn des 20. Jh. dreht und schon seit fünf Generationen von derselben Familie betrieben wird. Auch viele Einheimische gönnen ihren »bambini« gern diesen Spaß. ■ Piazza della Repubblica, Plan S. 70/71 c2

Südlich des Arno (Oltrarno)

Das südlich gelegene Viertel hat in den letzten Jahren einen Aufschwung erlebt

Architektonisch dominiert wird das südlich vom Arnoufer gelegene Viertel vom Palazzo Pitti, einen Bummel lohnen Einkaufsstraßen wie die Via Romana.

15 Ponte Vecchio

| Brücke |

Im Jahr 1345 fertiggestellt, ist dies eine der ältesten Segmentbogenbrücken der Welt und zudem auch ein statisches Meisterwerk. Bereits damals beherbergte sie Geschäfte, vor allem Fleischer, Gerber und Schmiede, die ihre Abfälle einfach »nach unten« entsorgten. Erst im Jahr 1593 wurden sie durch ein bis heute befolgtes Dekret des Großherzogs Ferdinando I. vertrieben, das bestimmte, dass nur Goldschmiede (und Juweliere) auf der Brücke einen Laden haben dürfen. Im ersten Stock des Ponte Vecchio verläuft der nach dem Hofarchitekten der Medici-Herzöge benannte Vasari-Korridor, ein den Palazzo Vecchio mit dem Palazzo Pitti verbindender Geheimgang.

16 Palazzo Pitti

| Museum |

4 *Museumskomplex im ehemaligen Regierungspalast der Medici*

Dem einstigen Stammsitz der Medici sieht man das Wehrhafte noch deutlich an. Gleich mehrere Museen haben ihren Sitz in dem 1458 errichteten Palazzo: Neben der Galleria d'Arte Moderna ist es vor allem die Galleria Palatina in den ehemaligen Wohnräumen der Medici-Großherzöge, die Kenner begeistert. Eines der faszinierendsten Bilder ist Raffaels um 1514 entstandene

Beste Aussicht: auf der Piazzale Michelangelo oberhalb von Florenz

»Madonna della Seggiola« mit der wohl schönsten Maria der Kunstgeschichte – möglicherweise ein Porträt der Bäckerstochter Margherita Luti, in die Raffael unsterblich verliebt war.
■ Piazza Pitti, www.uffizi.it/en/pitti-palace, Di–So 8.15–18.50 Uhr, Sommer 16 €, Winter 10 €, 1. So im Monat freier Eintritt

17 Museo di Storia Naturale »La Specola«

| Museum |

Im Jahr 1775 gegründet, ist dies eines der ältesten wissenschaftlichen Museen der Welt mit über 5000 Exponaten in 34 Räumen. Hinzu kommen Knochen und andere Überreste von rund 3,5 Millionen Tieren – von Großvögeln über Fische und Schmetterlinge bis zu einem ausgestopften Nilpferd, das im 17. Jh. als eine Art Haustier der Medici im Giardino di Boboli lebte. ■ Via Romana 17, derzeit wegen Restaurierungsarbeiten geschl.

18 Giardino di Boboli

| Garten |

5 *Hübsch angelegter Stadtpark mit vielen Möglichkeiten zur Erholung*

In diesem – gleich hinter dem Palazzo Pitti gelegenen – Meisterwerk der Gartenbaukunst des 16. und 17. Jh., eine der größten Gartenanlagen Italiens, kann man Statuen, Grotten, Nymphen, Teiche und Brunnen bewundern.
■ Eingang Via S. Leonardo, Juni–Aug. tgl. 8.15–19.30, übrige Monate kürzer, 10 €

19 Piazzale Michelangelo

| Aussichtspunkt |

6 *Die ganze Stadt zu Füßen: eines der schönsten Panoramen*

Bei den Florentinern heißt der Platz »i'ppiazzale«, er bietet einen bezaubernden Blick auf die Stadt. Tagsüber hat man das Gefühl, die gesamte Renaissance wie in einem historischen Panoramabild vor sich ausgebreitet zu sehen, und nachts funkeln dann die Lichter der Stadt um die Wette ...

P Parken

Auch im Oltrarno sind Parkplätze limitiert, und je näher man dem Arno kommt, desto größer ist auch die Wahrscheinlichkeit, vor einem Verbotsschild zu stehen. ■ Parkgaragen: Garage Santa Trinità, Garage Lungarno und Garage Fosi, pro Tag ca. 30 €

Restaurants

€€ | **La Leggenda dei Frati** Gastfreundlicher Ort mit Traumterrasse.

Chefkoch Filippo Saporito kocht leicht und saisonal. ■ Costa San Giorgio 6a, Tel. 055 068 0545, Di–So, Plan S. 70/71 d5

€€€ | Borgo San Jacopo Feinste Küche direkt am Arno. Im Sommer sitzt man auf der Terrasse und genießt den Blick auf die Bauten am Flussufer. ■ Borgo San Jacopo 62r, Tel. 055 281661, tgl. 19.30–22 Uhr, Plan S. 70/71 c4

Einkaufen

Angela Caputi Armreife, Halsketten, Ringe und Ohrringe, oft aus einfachen Materialien wie Holz, aber unvergleichlich kunstvoll. Eine Florentiner Institution in Sachen Schmuckdesign. ■ Via di Santo Spirito 58r, Plan S. 70/71 b3

Oronero Lecker-Köstliches gegenüber dem Palazzo Pitti: Kaffee, Tee, Schokolade. ■ Palazzo Pitti 1r, Plan S. 70/71 b5

Signorvino Enoteca am Ufer des Arno, nahe dem Ponte Vecchio. Die Regale (1500 Etiketten!) sind nach Regionen und dort wiederum nach Produzenten geordnet, sodass jeder schnell seinen Favoriten findet. An der Bar werden täglich wechselnde offene Weine angeboten; auch dabei kann man immer eine schöne Entdeckung machen. ■ Via de' Bardi 46, www.signorvino.com, tgl. 9.30–24 Uhr, Plan S. 70/71 c4

Kneipen, Bars und Clubs

Le Volpi e l'Uva Eine der beliebtesten Weinbars der Stadt, 30 renommierte Etiketten im Offenausschank, zudem finden häufig Degustationen oder Winzerabende statt. ■ Piazza dei Rossi 1r, Mo–Sa 11–21 Uhr, Plan S. 70/71 c4

Volume Typische Aperitivo-Bar, in der immer viel Trubel herrscht, der sich bis hinaus auf die Piazza ausbreitet. ■ Piazza Santo Spirito 5r, Plan S. 70/71 b4

Das römische Theater von Fiesole wurde unter Augustus (63 v.Chr.–14 n.Chr.) erbaut

2 Fiesole

Älter als Florenz, erhabene Aussicht, Überreste der Etrusker und Römer

Information

- UIT, 50014 Fiesole, Via Portigiani 3, Tel. 05 55 96 13 11, www.fiesoleforyou.it

Die Etrusker bevorzugten die Anhöhe, auch die Römer siedelten lieber auf den Hügeln als im Talkessel: Es ist beinahe eine historische Ungerechtigkeit, dass die unten gelegene Stadt Florenz seit dem Mittelalter das Rennen machte und das erhaben – zu Füßen des Monte Ceceri – gelegene Fiesole schließlich zu einem hübschen Vorort verkam. (An den Hängen des Monte Ceceri ließ übrigens einstmals Leonardo da Vinci Übungen mit einem selbst gebauten Fluggerät durchführen, die sein Assistent allerdings nur mit schmerzhaften Blessuren überstand.)

Die Einwohner der hügeligen Ansiedlung sind stolz darauf, eine ältere Geschichte zu haben als die prächtige Großstadt direkt am Arno. Fiesoles Vorzüge sind schon bei der Autofahrt sichtbar – von Florenz führt eine romantische Serpentine zu dem Ort.

Man sollte möglichst auch den Abend in Fiesole verbringen: Denn bereits der Blick auf die Lichter von Florenz ist atemberaubend. Wie Florenz war auch Fiesole, wo Boccaccio sein Meisterwerk, das »Decamerone«, schrieb und der Schweizer Maler Arnold Böcklin seine letzten Jahre verbrachte, stets ein Anziehungsort für Kulturschaffende.

Auffallend: die Außenkanzel an der Cattedrale Santo Stefano in Prato

Sehenswert

Archäologisches Areal

| Ausgrabungsstätte |

Hier bewundert man das römische Theater, die Reste der Thermen und des römischen Tempels aus dem 1. Jh. v. Chr. Es sind auch noch Mauern aus etruskischer Zeit zu sehen.

■ Via Portigiani 1, April–Sept. tgl. 10–19, März, Okt. tgl. 10–18, Nov.–Feb. Mi–Mo 10–14 Uhr. Das Archäologische Museum liegt ebenfalls in der Ausgrabungszone. 10 €, Kombiticket 12 €, erm. 6/8 €

Museo Bandini

| Museum |

Eine beeindruckende Sammlung toskanischer Kunst des 13. bis 15. Jh., gleich beim archäologischen Areal.

■ Via Duprè 1, www.museidifiesole.it/musei/museo-bandini, März, Okt. Fr–So 10–18, April–Sept. Fr–So 9–19, Nov.–Feb. Fr–So 10–15 Uhr, 5 €, erm. 3 €

Convento di San Francesco

| Kloster |

Ein Spaziergang führt zu diesem auf einem Hügel gelegenen Kloster, an dem sieben Jahrhunderte lang gebaut wurde. Noch heute leben dort Franziskanermönche. Gotische Fassade, Kirchengebäude mit vielen Fresken, u. a. von Piero di Cosimo, bildhübscher Innenhof, kleines Museum. ■ Via San Francesco 13

Parken

Kostenlose Parkplätze direkt am archäologischen Areal (ausgeschildert).

Restaurants

€€€ | La Loggia Direkt im Renaissancebau Villa San Michele, ein ehemaliges Kloster, an dessen Fassade Michelangelo höchstselbst gearbeitet haben soll. Heute ist es ein Luxushotel. Köstlich: die mit Auberginen und Ziegenkäse gefüllten Tortelloni. ■ Via Doccia, Tel. 05 55 67 82 20, Nov.–März geschl.

Events

Besonders schön sind die Konzerte während der **»Estate Fiesolana«**, des ältesten Open-Air-Festivals Italiens, das bereits seit dem Jahr 1947 jeden Juni/Juli in der herrlichen Kulisse des römischen Theaters aufgeführt wird.

3 Prato

Verborgene Schönheit, intakte Altstadt, ungewöhnliche Reliquie

Information

■ Prato Turismo, 59100 Prato, Piazza Duomo 8, Tel. 0 57 42 41 12, www.pratoturismo.it

In Italien hat Prato nicht den besten Ruf. Die Stadt gilt als unansehnlicher Industriestandort, als eine Art riesiger »Sweatshop« – ein Ausbeutungsbetrieb, in dem Asiaten für die großen Modemarken in Florenz und Mailand im Akkord feine Stoffe nähen; allein 30 000 Chinesen sollen in der Stadt leben. Aber wer sich selbst auf eine Entdeckungsreise begibt, der wird mit einer angenehmen Überraschung belohnt. Die Altstadt besitzt noch viel mittelalterlichen Charme – schließlich hat man schon im 13. Jh. feinstes Tuch nach ganz Europa exportiert. So wurden die Bürger reich und konnten hübsche Palazzi und Kirchen errichten lassen, die von den besten Künstlern

ADAC Spartipp

Die **Pratomusei Card** kostet 16 € und gilt auch für Sonderausstellungen, sie lohnt sich also bereits beim Besuch von zwei Museen. Die Familienkarte kostet 28 € (zwei Erwachsene, zwei Jugendliche bis 14 J.).

ihrer Zeit ausgeschmückt wurden. Im 19. Jh. ließ die Tuchproduktion nach, man verarbeitete nur noch Altkleider. Erst in der zweiten Hälfte des 20. Jh. kam wieder ein wirtschaftlicher Aufschwung, als man auf Qualitätsware setzte. Heute hat Prato das Image einer »Lumpenmetropole« längst abgelegt – »Klein-Florenz« trifft es eher.

Sehenswert

Cattedrale Santo Stefano

| Kathedrale |

Mit dem Bau begann man bereits im 10.Jh., doch die ungewöhnliche grün-weiße Fassade wurde erst von Michelozzo und Donatello im 15. Jh. realisiert. Im Inneren gibt es eines der Hauptwerke der Renaissance zu bewundern, Filippo Lippis Freskenzyklus »Vita Johannes der Täufer«. Zu wichtigen Feiertagen wird die Reliquie »Sacra Cintola« gezeigt, angeblich der Wollgürtel der Muttergottes.

■ Piazza del Duomo, Mo–Sa 7–19, So und Fei 7–12 und 13–19 Uhr, Eintritt in die Chorkapelle 3 €

Castello dell'Imperatore

| Burg |

Imposante Festungsburg im Stauferstil, von der nur noch die Mauern erhalten sind, von Friedrich II. um 1140 in Auftrag gegeben. Im Sommer Theater, Konzerte und Filmvorführungen.

■ Piazza Santa Maria delle Carceri, April–Okt. Mo, Mi–Fr 16–19, Sa, So 10–13 und 16–19 Uhr, Nov.–März nur Fr–So geöffnet, Eintritt frei

Museo del Tessuto

| Museum |

Dieses Museum widmet sich dem Prozess der Kleidungs- und Stoffherstellung von der Antike bis heute. Dazu gehört eine interessante Sammlung historischer Trachten und Uniformen aus aller Welt.

■ Via Puccetti 3, www.museodeltessuto.it, Di–Do 10–15, Fr, Sa 10–19, So 15–19 Uhr, 8 €, erm. 6 €

Centro per L'Arte Contemporanea Luigi Pecci

| Museum |

Moderne Kunst in einem U-förmig angelegten Bau, der ein Amphitheater umschließt, in dem rund 800 Menschen Platz finden. Gezeigt werden Werke u.a. von Julian Schnabel, Sol LeWitt und Hermann Nitsch. Hinzu kommen zahlreiche Events und verschiedenste Sonderausstellungen.

■ Via della Repubblica 277, www.centropecci.it, Di–So 11–23 Uhr, 10 €, erm. 8 €

Forma squadrata con taglio

| Skulptur |

Ein ebenso faszinierendes wie verstörendes Kunstwerk von Henry Moore. Die »Quadratische Form mit Schnitt«, im Volksmund nur »Buco« (Loch) genannt, ist längst zu einem Wahrzeichen der Stadt geworden.

■ Piazza San Marco

Parken

An der Piazza Mercatale oder an der Piazza San Marco (2 Std. 2 €)

Restaurants

€€ | Aroma di Vino Kleines uriges Restaurant gleich hinter der Kathedrale, auch gute vegetarische und glutenfreie Auswahl. Traditionelles wie die »sedani alla pratese«, Fleischbällchen mit Käse und Sellerie, aber auch Besonderheiten wie die Maisspaghetti mit Tomaten. ■ Via Santo Stefano 24, Tel. 32 89 55 74 90, Mo–Mi nur am Abend geöffnet, Do–So mittags und abends

Einkaufen

Angorelle – Dalle Piane Cashmere Viele Geschäfte bieten in der Modemetropole ihre Produkte an, dieses hat sich auf Kaschmirpullover für sie und ihn spezialisiert. ■ Via Vella O Lunga La Bardena 1, Mo–Sa 8.30–18.30 Uhr

4 Greve in Chianti

Hauptstadt des Chianti-Gebiets mit zahlreichen Weinhandlungen

Information

■ www.greve-in-chianti.info

Greve, der am gleichnamigen Fluss gelegene Hauptort des Chianti-Gebiets, ist über die Staatsstraße SR 222 gut zu erreichen. Flächenmäßig mit 169 km² eine der größten Gemeinden, lebt im Ortskern selbst weniger als ein Drittel der insgesamt rund 13600 Einwohner. Hauptplatz ist die asymmetrisch angelegte, von Loggien umgebene Piazza Matteotti, auf der jeden Samstag ab 8 Uhr einer der buntesten Wochenmärkte Norditaliens stattfindet. Zudem wird hier jeweils am Ostermontag einer der wichtigsten Antiquitätenmärkte des Landes veranstaltet. Anfang Mai verwandelt die »Festa dei Fiori« den Platz in ein einziges Blumenmeer, und im September huldigt man beim Weinfest dem Chianti Classico. An den berühmtesten Sohn der Stadt erinnert auf der Piazza Matteotti eine Statue: Der Seefahrer Giovanni da Verrazzano erblickte 1485 nahe Greve das Licht der Welt und entdeckte im Jahr 1524 die Hudson-Mündung (in New York ist die Brooklyn mit Staten Island verbindende Verrazzano-Brücke nach ihm benannt).

Im Blickpunkt

Weine der Toskana

Der Chianti Classico ist der berühmteste Wein der Toskana. Er wird aus der Sangiovese-Traube gewonnen, allerdings werden bis zu 20 Prozent andere rote Trauben beigemischt, um den Geschmack komplexer zu machen, zum Beispiel Cabernet Sauvignon oder Merlot. Der edle Brunello di Montalcino darf dagegen nur aus reinem Sangiovese gemacht werden. Beide Weine passen hervorragend zu Fleisch- und Wildgerichten. Die sogenannten Supertoskaner werden hingegen nach französischen Methoden hergestellt, zumeist aus Cabernet Sauvignon und Cabernet Franc, und im Barrique-Fass ausgebaut, was in Italien lange Zeit verpönt war. Namen wie Sassicaia oder Ornellaia elektrisieren Weinkenner und Feinschmecker, haben allerdings ihren Preis. Interessante, preiswerte Weine für den unbeschwerten Genuss sind die Weißweine Vermentino und Vernaccia di San Gimignano.

Sehenswert

Macelleria Falorni

| Feinkost |

Pure Genusslust: üppig bestückter Feinkostladen am Hauptplatz

Sie ist eine der berühmtesten Metzgereien Italiens und bereits seit dem Jahr 1806 (inzwischen mehr als neun Generationen) in Familienbesitz. Fleisch in allerlei Zubereitungsformen liegt in den Vitrinen oder baumelt als Salami und Schinken von den Decken des verwinkelten Geschäfts. Hinzu kommen noch viele weitere Spezialitäten – hausgemachte Sughi, Öle, Pasta & Co. Im Bistro können die Produkte mit einem Glas Chianti verkostet werden – bei schönem Wetter auch vor der Tür.

■ Piazza Matteotti 71, 9–19, So 10–19 Uhr

Parken

Parkplätze befinden sich an der Piazza Trento und hinter der Brücke über das Greve-Flüsschen (gratis).

Restaurants

€€ | Bottega del Moro Trattoria im Familienbesitz, es gibt typische Gerichte des Chianti, etwa Spanferkel in Vin Santo. ■ Piazza Matteotti 40, Di geschl.

Cafés

Le Logge Sehr guter Kaffee und Brioches, später am Tag auch typisch toskanische Gerichte sowie Pizzen. ■ Piazza Matteotti 31, tgl. 7–21 Uhr

Einkaufen

Enoteca del Gallo Nero Ein beliebter Treff der Einheimischen. Oft diskutiertes Thema am Tresen: die gerade aktuellen Einfälle der Chianti-Classico-Hüter, die, wie es scheint, alle paar Jahre neue Regeln für die Zusammensetzung des hiesigen Weins erfinden und damit immer wieder aufs Neue für viel Konfusion sorgen. ■ Via Cesare Battisti 9, tgl. 12.30–15 und 19–22 Uhr

Deftige Spezialitäten werden in der Macelleria Falorni über die Theke gereicht

Enoteca di Greve Exzellente Chianti-Auswahl. Kleine Terrasse, auf der offene Weine und ein paar Häppchen unter der Sonne verkostet werden können. ■ Viale Vittorio Veneto 112a, So, Mo, Mi, Do 14.30–23, Fr, Sa 11–1 Uhr

Enoteca Falorni In dem malerischen Kellergewölbe können erlesene Weine aus der Toskana per Chipkarte (10–25 €) selbst ins Glas gefüllt werden. ■ Piazza delle Cantine 6, www.enotecafalorni.it, Do–Mo 10.30–19 Uhr

In der Umgebung

Parco Naturale di Monte San Michele Der Nationalpark bietet 165 ha Natur, diverse Wanderwege und famose Blicke über das Chianti aus bis zu 900 m Höhe. ■ bei Lucolena

5 Panzano

Zauberhaftes Chianti-Dorf mit interessanten Veranstaltungen und Events

Information

■ www.panzanochianti.com

Ein Festungsdorf auf einem Hügel mit verwinkelten Gassen und zahlreichen fotogenen Ecken. Vermutlich siedelten schon die Etrusker hier. Die Burg aus dem 12. Jh. ist in Privatbesitz und leider nicht zu besichtigen. Der Ort war einst heftig umstritten und bildete eine wichtige Grenzgemeinde zwischen den erbitterten Gegnern Florenz und Siena. Mehrmals wurde Panzano regelrecht geschleift, doch diese Zeiten sind glücklicherweise vorbei. Wie überall im Chianti dreht sich hier inzwischen fast alles um die Kulinarik. Der Wochenmarkt auf der Piazza Bucciarelli findet jeden Sonntagvormittag statt, dazu kommt jeden ersten Sonntag im Monat viel Kunsthandwerk – eine gute Gelegenheit für Mitbringsel. Mitte Mai treffen sich hier die Teilnehmer der »Mille Miglia«, der legendären Oldtimer-Rallye, mit bis zu 400 teilnehmenden Traumautos aller Epochen, von Brescia nach Rom und zurück (Termine unter www.1000miglia.eu). Und am 3. Septemberwochenende findet ein großes Weinfest statt.

ADAC Mobil

Die sanften Hügel des Chianti und seine geschwungenen Straßen lassen sich perfekt per **Vespa** erkunden. Verschiedene Anbieter in Florenz, Radda in Chianti und Castellina bieten auch **geführte Touren** an (z.B. tuscany-vespatours.com). Ein Roller-Tag kostet ab 90 €.

Sehenswert

Chiesa di Santa Maria

| Kirche |

Das Gotteshaus wirkt auf den ersten Blick wie ein Renaissance-Juwel, wurde in seiner heutigen Gestalt aber erst Ende des 19. Jh. über den Resten einer Kirche aus dem 13. Jh. errichtet. Eine hübsche Treppe führt zum Hauptportal, der Campanile daneben entstand aus einem früheren Wehrturm.

■ Via Santa Maria

Parken

Einen kostenfreien Parkplatz gibt es oberhalb der Hauptstraße kurz nach dem Ortseingang.

Restaurants

€€ | **Osteria Uscio e Bottega** Typische Trattoria mit bildhübscher Terrasse und Traumblick bei der Tagliata. Viele der in der Küche verwendeten Produkte kommen aus der unmittelbaren Umgebung. ■ Strada Sicelle 56, Tel. 331 444 64 66, www.osteriauscioebottega.it, Mi geschl.

Einkaufen

Antica Macelleria Cecchini Dario Cecchini ist mehr als nur ein Metzger – als Ein-Mann-Show sorgt er für kulinarische Höhepunkte, nicht nur mit seinen fabelhaften Wurstwaren, sondern auch mit seinen Restaurants. Eines davon, Solociccia, liegt vis-à-vis der Metzgerei. ■ Via XX Luglio, www.dariocecchini.com, Mo, Di, Do 9–14, Fr, Sa 9–19, Restaurant tgl. 13–15, 20–22 Uhr

6 Radda in Chianti

Kleiner Ort mit großer Ausdehnung und beschaulichem Stadtkern

Information

■ Pro Loco, 53017 Radda in Chianti, Piazza del Castello 6, Tel. 0577 73 84 94, www.radda.org

Radda ist einer der hübschesten Orte im Chianti. Er hat gerade einmal 1600 Einwohner, erstreckt sich aber über weitläufige, hügelige 80 km². Viele Winzer haben diese Ausdehnung mit Rebstöcken bepflanzt. Den eigentlichen Ortskern umschließt zum Teil die Stadtmauer aus dem 14. Jh. Auch Radda war wegen seiner Lage zwischen Florenz und Siena Schauplatz vieler Kämpfe, 1415 wurde dem Ort die höchste Gerichtsbarkeit im Chianti zugesprochen. Schon im 16. Jh. lieferte man den Wein bis nach England, was für enormen Wohlstand sorgte. Heute ist der Ortskern nahezu vollständig als Fußgängerzone ausgewiesen.

Sehenswert

Palazzo del Podestà

| Rathaus |

Das heutige Rathaus mit seiner Loggia diente lange als Burg und Tagungsort der Stadtoberen. Im Jahr 1478 wurde es zerstört, aber in den nächsten hundert Jahren wieder aufgebaut und dabei auch gleich erweitert. Sehenswert sind hier die 51 Wappen der wichtigsten Familien an der Frontseite.

Camminamento Medievale

| Flaniermeile |

Den mittelalterlichen Gewölbegang aus dem 12. Jh. säumen zahlreiche urige Geschäfte und Restaurants. Im Sommer ist es dort angenehm kühl, bei Regen flaniert es sich gut geschützt.

Brancaia

| Weingut |

Die Schweizerin Barbara Widmer übernahm das Gut von ihren Eltern und machte es zu einer der ersten Adressen für Chianti-Liebhaber – in Traumlage mit fantastischen Weinen. Führungen nach vorheriger Anmeldung. Mit Übernachtungsmöglichkeit.
■ Loc. Poppi, Tel. 0577 74 20 07, www.brancaia.com, So geschl.

Castello di Volpaia

| Weingut |

Typisch italienischer Weiler (»borgo«) etwas nördlich von Radda mit rund 40 Einwohnern, die fast alle bei der

Familie Mascheroni angestellt sind, der das heutige Weingut gehört. Neben dem Chianti-Wein und dem berühmten Vin Santo werden hier auch Olivenöl und Honig produziert.
■ Loc. Volpaia, Piazza della Cisterna 1, Tel. 0577738066, www.volpaia.com, tgl. 10–18 Uhr, Jan., Feb. geschl.

Parken

Parkplätze gibt es an der Piazza 4 Novembre sowie an der Stadtmauer.

Einkaufen

Enoteca Porciatti Malerisch gelegen im Gewölbegang, ist die Enoteca heute in den Händen von Riccardo Porciatti, dessen Vater die gleichnamige Macelleria am Ortseingang (Piazza IV Novembre) betreibt. Im Angebot findet man neben dem Chianti Classico auch Brunello di Montalcino und Supertoskaner. Täglich sind mindestens zwölf offene Weine zu verkosten; es gibt auch ein kleines Restaurant für den mittäglichen Happen. ■ Camminamento Medievale, Radda in Chianti, Tel. 057773 8234, www.casaporciatti.it

7 Castellina in Chianti

Touristenmagnet im Herzen des Chianti mit hübscher Altstadt

Information

■ Terre di Siena, 53011 Castellina in Chianti, Via Ferruccio 40, Tel. 0577741392

»Cuore del Chianti« – das Herz des Chianti: So versteht sich Castellina, ein Ort vermutlich etruskischen Ursprungs mit restaurierter Festungsmauer. In der Zeit um Pfingsten findet entlang der mittelalterlichen Stadtmauer ein dreitägiges Weinfestival statt.

Im Blickpunkt

Kampf ums Chianti

Das Chianti war ein ewiger Zankapfel zwischen den Stadtrepubliken Florenz und Siena. Schließlich fasste man den Entschluss, den Konflikt unblutig zu lösen. Beim ersten Hahnenschrei sollte jeweils ein Reiter aus Florenz und ein Reiter aus Siena lospreschen. Wo sich die beiden treffen würden, sollte die endgültige Grenze zwischen den beiden Territorien gezogen werden. Doch während der (weiße) Hahn aus Siena gehegt, gepflegt – und gefüttert! – wurde, ließen die cleveren Florentiner ihren (schwarzen) Hahn darben, sodass er am entscheidenden Morgen ganz früh wach wurde und hungrig krähend das Startsignal gab, während der faule Sieneser Hahn kaum aus den Federn kam. Der früher gestartete Reiter aus Florenz schaffte es bis weit ins heutige Chianti-Tal; die Stadt erhielt den größten Teil des gesamten Gebiets.

Sehenswert

Rocca
| Festung |
Das erstmals bereits im 11. Jh. erwähnte Schloss wurde im 15. Jh. zur Festungsanlage ausgebaut. Heute sind hier das Rathaus und ein interessantes archäologisches Museum untergebracht.
■ Piazza del Comune 17, Do–Di 10–18.30 Uhr, 5 €, erm. 3 €

Chiesa di San Salvatore

| Kirche |

Die pittoreske mittelalterliche Kirche im Ortskern wurde nach Kriegsschäden wieder aufgebaut. Sehenswert ist im Inneren das Fresko »Madonna con il Bambino« aus dem 14. Jh.

Via delle Volte

| Flaniermeile |

Ein mittelalterlicher Tunnelgang entlang der Stadtmauer ermöglicht einen schönen Spaziergang (Beginn am Ortseingang direkt gegenüber der Kirche San Salvatore).

Parken

Parkplätze am Nordrand des Ortes zumeist kostenlos.

Restaurants

€–€€ | Antica Trattoria La Torre Schon seit 100 Jahren ist das freundliche Restaurant im Familienbesitz. ■ Piazza del Comune 15, Tel. 0577740236, www.anticatrattorialatorre.com, Do geschl.

Einkaufen

Enoteca Le Volte Große Auswahl an Chianti-Weinen sowie an Olivenölen aus der Region. ■ Via Ferruccio 12, Nov., Jan. und Feb. geschl.

8 Empoli

Kleine, wohlhabende Stadt im Schatten von Lucca und Pisa

Information

■ UIT, 50053 Empoli, Via Ridolfi 70–74, Tel. 057176714, www.comune.empoli.fi.it

Fußballfreunde kennen die Kleinstadt mit ihren knapp 50000 Einwohnern vermutlich wegen des FC Empoli, der sich – lange als »Fahrstuhlmannschaft« zwischen den höchsten beiden Spielklassen hin und her wechselnd – nun seit einigen Jahren mit erstaunlicher Zähigkeit in der ersten italienischen Liga hält und auch schon Spiele gegen den ruhmreichen AC Mailand gewann. Diese Zähigkeit ist wohl auch ein Erbe der bewegten Stadtgeschichte, in der sich Empoli immer wieder gegen Angreifer aus Lucca und Pisa verteidigen musste. Ihren Aufschwung im 19. Jh. verdankt die Stadt den vielen Glasmanufakturen, die bis heute ein wichtiger Industriezweig in Empoli sind. Auch die hiesige Textilindustrie ist in ganz Italien für ihre gute Qualität bekannt. Ein idealer Ausgangspunkt für einen Bummel durch den mittelalterlichen Ortskern ist die Piazza Farinata degli Uberti. Besonders stimmungsvoll: Im Juli feiert man in der Altstadt ein großes Straßenfest (»Luci della città«).

Sehenswert

Museo della Collegiata di Sant'Andrea

| Museum |

Gleich hinter der Kirche Sant'Andrea mit ihrer beeindruckenden zweifarbigen Marmorfassade präsentiert dieses Museum auf zwei Stockwerken in acht Sälen u. a. Werke von Filippo Lippi und Masolino da Panicale.

■ Piazza Propositura 3, Di–So 9–12, 6–19 Uhr, 5 €, erm. 3 €

Museo del Vetro

| Museum |

Die in modernen Ausstellungsräumen in einem alten Salzspeicher aus dem

14. Jh. untergebrachte Sammlung widmet sich den verschiedensten Aspekten der Glasherstellung.
■ Via Ridolfi 70–74, www.museodelvetrodiempoli.it, Di–So 10–19 Uhr, 5 €, erm. 3 €

Parken

An der Piazza Gramsci oder am Hauptbahnhof, 0,70 €/Std.

Restaurants

€–€€ | Cucina Sant'Andrea Hier isst man besonders gut Fisch und Meeresfrüchte. Tipp: die Linguine mit Hummer oder das »fritto misto«. ■ Via Vincenzo Salvangoli, Tel. 0571 736 57, Mo geschl., Di nur am Abend

Einkaufen

Thun Shop Hübsche Keramikkreationen, auch für Kinder. Tassen, Spielfiguren, Engel und vieles mehr. ■ Via Sanzio, Mo–Sa 10–21, So bis 20 Uhr

9 Vinci

Geburtsort von Leonardo da Vinci mit interessantem Museum

Information

■ UIT, 50059 Vinci, Via Montalbano 1, Tel. 0571568012, www.terredelrinascimento.it

Verständlich, dass sich in dieser Gemeinde mit ihren rund 15 000 Einwohnern bis heute alles um ihren berühmtesten Sohn dreht, auch wenn Leonardo da Vinci, eigentlich Leonardo di ser Piero, genau genommen etwas außerhalb, im (heute eingemeindeten) Ortsteil

Modell der »Luftschraube«: ein von Leonardo da Vinci skizziertes Fluggerät

Anchiano, geboren wurde. Als universalgelehrter Maler, Bildhauer, Architekt, Anatom, Mechaniker, Ingenieur und Naturphilosoph war er eine Ausnahmeerscheinung und seiner Zeit weit voraus: »Leonardo glich einem Menschen, der in der Finsternis zu früh erwacht war, während die anderen noch schliefen«, schrieb Sigmund Freud.

Sehenswert

Casa Natale di Leonardo da Vinci | Geburtshaus |
Ob es sich bei der Casa Natale wirklich um das Geburtshaus des Universalgenies handelt, ist umstritten. Jedenfalls sieht die umliegende Landschaft nicht viel anders wie als zu Leonardos Zeit.
■ Via di Anchiano, Loc. Anchiano (3 km außerhalb von Vinci, ausgeschildert)

Terme Tettuccio: Wellness in einer Mischung aus Jugendstil und Neobarock

Museo Leonardiano

| Museum |

Vincis Stadtbild wird dominiert von einem Kastell, das bis zum Jahr 1254 im Besitz der Grafen von Guidi war und dann zu Florenz gehörte. Heute befindet sich darin ein Museum, das vor allem Nachbildungen und Modelle der Erfindungen Leonardos präsentiert.

■ Palazzina Uzielli (Kasse) und Piazza dei Conti Guidi, tgl. 9.30–18.30 Uhr, 11 €/8 €

10 Montecatini Terme

Traditionsreicher Kurort mit sehenswerten Heilbädern

Information

■ UIT, Viale Giuseppe Verdi 66, 51016 Montecatini Terme, Tel. 0572772244, www.montecatiniturismo.it

Schon die alten Römer kannten und schätzten die heißen Quellen vulkanischen Ursprungs der Toskana. Unter den Medici, denen Montecatini ab 1583 gehörte, wurde das Wasser getrunken – erst im 18. Jh. kamen Badekuren wieder in Mode. Im späten 19. Jh. genoss Montecatini Terme einen ähnlich guten Ruf wie Baden-Baden oder Marienbad. Auch die beiden Komponisten Giuseppe Verdi und Giacomo Puccini kamen hierher, um immer wieder neue Kraft zu schöpfen.

Sehenswert

Terme Tettuccio

| Therme |

Die meisten Kuranlagen dieses wohl berühmtesten, in einer Mischung aus neobarocken und Jugendstilformen gestalteten Thermalbads der Toskana

stammen aus den 1920er- und 1930er-Jahren. Ebenfalls sehenswert: die klassizistische Terme Leopoldine.
■ Viale Giuseppe Verdi 71, www.termemontecatini.it, tgl. 7.30–19 Uhr, 6 €

Funicolare di Montecatini Terme

| Seilbahn |

Als die älteste noch bestehende Seilbahn Italiens im Jahr 1898 eingeweiht wurde, schaute selbst Giuseppe Verdi interessiert zu. Sie verbindet Montecatini Terme mit Montecatini Alto und legt in 10 Min. 1050 m bei einem Höhenunterschied von 200 m zurück.

Restaurants

€€ | La Pecora Nera Das »Schwarze Schaf« ist ein elegantes Restaurant im Hotel Ercolini e Salvi mit sehr gutem Service und herausragenden Fischspezialitäten. ■ Via San Martino 18, Tel. 0572703331, www.ercoliniesavi.it, tgl. 19–22.30 Uhr,So auch mittags geöffnet

11 Pistoia

Malerische Altstadt und ein schöner Park für Kinder in der Umgebung

Information

■ UIT, 51100 Pistoia, Piazza del Duomo, Tel. 0573211622, www.pistoiaturismo.it

Im Jahr 2017 war Pistoia, im 2. Jh. v. Chr. von Römern gegründet und später ein wichtiges Handelszentrum der Franken und Langobarden, die italienische Kulturhauptstadt. Dank dieser Auszeichnung flossen auch viele staatliche Gelder in die Restaurierung etwa des Dom, des Baptisteriums oder des Stadtmuseums. Der Hauptplatz ist die Piazza della Sala mit täglichem Markt.

Sehenswert

Duomo

| Dom |

Elegante grün-weiße Marmorfassade, innen beeindrucken Kunstwerke wie ein Silberaltar aus dem 13. Jh. und zwei Apostelfiguren von Brunelleschi, dem Erbauer der Domkuppel von Florenz. Gegenüber im Palazzo comunale befindet sich das Museo Civico (3,50 €).
■ Piazza Duomo, 2 €

Parken

Die Innenstadt ist nur für Anwohner befahrbar. Bequem parkt man am Parcheggio Cellini, von dort fährt ein Bus alle 5–10 Min. in die Innenstadt, zu Fuß läuft man etwa 10 Min.

Restaurants

€€ | Gargantuà Unkomplizierte Trattoria, die auch als beliebte Enoteca für den Aperitivo und Digestivo gilt.
■ Piazzetta dell'Ortaggio 12/13, Tel. 057323330, www.tavernagargantua.com, tgl. 12–1 Uhr

Kinder

Parco di Pinocchio. In Collodi, dem 10 km außerhalb Pistoias gelegenen Geburtsort des »Pinocchio«-Autors Carlo Collodi, dürfen Kinder nicht nur auf den Spuren des langnasigen Helden wandeln, sondern sich sogar in den Bauch eines Walfisches begeben! Außerdem werden Mal- und Bastelkurse angeboten. ■ www.pinocchio.it, Jan.–Okt. tgl. 8.30–19 Uhr, 25 €, erm. 14–20 €

Übernachten

In Florenz finden sich Hotels jeglicher Kategorie, aber auch die schlichteren haben ihren Preis. Günstigere Unterkünfte gibt es beispielsweise in Bahnhofsnähe oder an den Hauptverkehrsadern, aber da ist mit Verkehrslärm und anderen Unannehmlichkeiten zu rechnen. Hotels in der Innenstadt kosten etwas mehr, dafür sind die Sehenswürdigkeiten nah und die Straßen verkehrsberuhigt. Wer es noch ruhiger haben möchte, der sollte im Chianti übernachten.

ADAC Spartipp

Vorsicht vor der »versteckten« Hochsaison! An deutschen und österreichischen **Brückentagen** werden die Hotelzimmer knapp – und damit teurer. Auch die zweimal im Jahr stattfindende »Pitti Immagine Uomo«, die größte Herrenmodemesse der Welt, führt im Januar und im Juni gerade in Florenz und Umgebung zu einem starken Anstieg der Preise.

Florenz 66

€ | Hotel Canada Zentral gelegen, nur 50 m vom Dom, freundliche Betreiber, die Zimmer sind schlicht, aber sauber und recht groß. ■ 50123 Florenz, Borgo San Lorenzo 14, Tel. 055 21 00 74, www.pensionecanada.com

€ | Plus Florence Eine der preiswertesten Herbergen der Stadt, sauber – mit großen Schlafsälen, aber auch Zweibett- und Vierbettzimmern und Gratis-WLAN. ■ 50129 Florenz, Via Santa Caterina d'Alessandra 15–17, Tel. 055 46 28 934, www.plusflorence.com

€€ | Albani Stilvoll eingerichtetes, zentral gelegenes Hotel in einem alten Palazzo. Ideal für alle, die mit dem Zug anreisen: Der Bahnhof ist nur ein paar Schritte entfernt. Mit Restaurant, Bar und einer Enoteca. ■ 50123 Florenz, Via Fiume 12, Tel. 055 2 60 30, www.albanihotels.com

€€ | Arizona In dem wunderschönen Palazzo schläft man in einigen Zimmern unter originalen Deckenfresken. Gegenüber der Synagoge; zur Piazza Duomo sind es nur 10 Min. zu Fuß. ■ 50121 Florenz, Via Luigi Carlo Farini 2, Tel. 055 24 53 21, www.arizonahotel.it

€€ | Casa dei Tintori Das Hotel hat nur fünf Zimmer, die von den Besitzern, einem Architektenpaar, in einem mittelalterlichen Palazzo in der Altstadt vermietet werden. Jedes dieser Zimmer ist in einer anderen Farbe gehalten, denn einst haben hier die Färber (»tintori«) im Auftrag der Adligen gearbeitet. Zum Frühstück kommt hier nur ökologisch Unbedenkliches aus der nächsten Umgebung auf den Tisch. ■ 50122 Florenz, Corso dei Tintori 33, Tel. 055 2 63 97 71, www.casadeitintori.it

€€ | David Das Hotel liegt in einem elegant restaurierten Palazzo unterhalb der Piazzale Michelangelo, die Zimmer sind mit antiken Möbeln eingerichtet. Nette Idee: Wer selbst mit Vornamen David heißt, bekommt einen Preisnachlass! ■ 50125 Florenz, Viale Michelangiolo 1, Tel. 055 6 81 16 95, www.hoteldavid.com

€€ | Home Hotel Florenz Modernes Boutique-Hotel mit wenigen geschmackvoll eingerichteten Zimmern und (fast) ganz in Weiß gehalten, nicht weit vom Arno entfernt, Dachterrasse mit Traumblick, barrierefrei. ■ 50122 Florenz, Piazza Piave 3, Tel. 055 243668, www.hhflorence.com

€€ | Isabella Hier übernachteten schon einst der Opernkomponist Giuseppe Verdi und George Eliot, eine der erfolgreichsten englischen Autorinnen des viktorianischen Zeitalters. Freundlicher Service, ideale Lage mit Blick auf den Palazzo Strozzi, üppiges Frühstücksbüfett. ■ 50123 Florenz, Via Tornabuoni 13, Tel. 055 2396464, www.isabella.room-matehotels.com

8 **€€€ | L'Orologio** Ungewöhnlich eingerichtetes Hotel mit gekonntem Designmix aus antikem Mobiliar und modernen Details. Die Zimmer sind individuell gestaltet. Dominierendes Thema: Uhren – von der alten Standuhr mit Pendel bis zum modernen Zeitmesser mit riesigem Ziffernblatt. Unbedingt nach einem Zimmer mit Blick auf die Piazza fragen! ■ 50123 Florenz, Piazza Santa Maria Novella, Tel. 055 27 73 80, www.hotelorologioflorence.com

Chianti 83

€€ | Castello La Leccia High-End-Agriturismo in einem Borgo, dessen Mauern aus dem 11. Jh. stammen, mit einem selbst für toskanische Verhältnisse atemberaubenden Panoramablick über die Chiantihügel; eigenes Weingut und Olivenölpresse, konsequent ökologische Ausrichtung. ■ 53011 Castellina in Chianti, Loc. La Leccia, Tel. 0577743148, www.castellolaleccia.com

€€€ | Villa Bordoni Hier stimmt einfach alles: edler Landhausstil, antik möblierte Räume, perfekte Lage, toller Blick, gutes Restaurant, viel Historie. ■ 50022 Greve in Chianti, Via San Cresci 31, Tel. 0558546230, www.villabordoni.com

ADAC Das besondere Hotel

Das **Continentale** ist ein Designhotel in Traumlage – direkt über dem Ponte Vecchio. Die Zimmer sind stilvoll eingerichtet, die Gestaltung erinnert an die goldene Zeit des italienischen Kinos der 1950er- und 1960er-Jahre. Als »Königreich zum Verlieben« wird die Panoramic Consorti Suite im obersten Teil des mittelalterlichen Consorti-Turms gepriesen, aber auch die Hotelbar auf dem Dach bietet einen 360 Grad umfassenden Traumblick.

€€€ | Continentale, 50123 Florenz, Vicolo dell' Oro 6r, Tel. 05527262, www.lungarnocollection.com

Siena und Umgebung – das rote Herz der Toskana

Mittelalterliche Städte und Dörfer, Kulturstätten der Etrusker, die Terra di Siena – und natürlich auch hier: ganz viel Kulinarik!

Im Norden noch berührt von den letzten Ausläufern des Chianti, südostwärts geprägt von der »Mondlandschaft« der Crete, umgeben von der roten Sieneser Erde und üppig grünen Weinreben, war Siena über Jahrhunderte hinweg der Gegenspieler von Florenz, und bis heute herrscht ein gesunder Konkurrenzkampf zwischen diesen beiden Städten. Zwar ist Florenz in Sachen Größe und Bedeutung davongezogen, aber dafür ist Siena auch nicht ganz so touristisch überlaufen wie der große Bruder im Norden. Zum Welterbe der UNESCO gehören beide. Gegründet wurde Siena der Legende nach von Senius, einem Sohn des Remus, weshalb die römische Wölfin auch das Wahrzeichen von Siena ist. Das Stadtwappen aber gleicht einem halb gefüllten Rotweinglas. Kann das ein Zufall sein?

In diesem Kapitel:

12 Siena 96
13 Volterra 104
14 San Gimignano 106
15 Colle di Val d'Elsa 109
16 Certaldo 110
17 San Miniato 112
18 Montepulciano 113
19 Chiusi 115
20 Montalcino 116
21 Pienza 118
Übernachten 119

ADAC Top Tipps:

Piazza del Campo, Siena
| Platz |
Schönster Platz Italiens mit dem imposanten Palazzo Pubblico und seinem alles überragenden Torre del Mangia, zweimal im Jahr Schauplatz des spektakulären, aber nicht ganz unumstrittenen Palio. 96

Piazza dei Priori, Volterra
| Platz |
Einst befand sich auf diesem Platz eine Ulme, unter der sich die Stadtverantwortlichen berieten. Doch schon bald, zu Beginn des 13. Jh., errichteten sie sich einen Palast, den Palazzo dei Priori. Und der Platz davor ist heute bei Jugendlichen auch ein beliebtes Ziel für nächtliche Vampirjagden. 105

Museo Civico und Torre Grossa, San Gimignano

| Museum |

In dem ehemaligen Regierungspalast verhandelte schon Dante Alighieri im Auftrag von Florenz mit den Stadtoberen. Der zugängliche Turm (54 m) garantiert eine atemberaubende Aussicht über das Tal. 107

Piazza Comunale, Pienza

| Platz |

Romantischer Platz und Mittelpunkt der ersten »idealen Stadt« mit dem Dom Santa Maria Assunta und dem Palazzo Piccolomini, der schon in vielen Hollywoodfilmen als stimmungsvolle Kulisse diente. 118

ADAC Empfehlungen:

Palazzo Pubblico, Siena

| Palast |

Lorenzettis Fresken sind ebenso sehenswert wie der stattliche, 102 m hohe Torre del Mangia. 97

Antica Drogheria Manganelli, Siena

| Feinkost |

Feinkostgeschäft mit langer Tradition. Genießer lieben das Mandelgebäck. 103

Pasticceria Nannini, Siena

| Konditorei/Café |

Köstliches Gebäck wie Cantucci, Panforte und Kaffeespezialitäten 103

Museo Guarnacci, Volterra

| Museum |

Bedeutende Sammlung etruskischer Kunst aus vorrömischer Zeit. 105

Rocca di Montestaffoli, San Gimignano

| Festung |

Wehrhafte Anlage mit Aussicht und sommerlichen Konzerten. 108

Museo Etrusco, Chiusi

| Museum |

Faszinierende Überreste aus etruskischer Zeit. 115

12 Siena

Mittelalterliches Ambiente, schönster Stadtplatz, viel Kultur

Über drei Hügel erstrecken sich die drei Stadtteile (»terzi«) von Siena

Information

- UIT, Piazza Duomo 1, Tel. 05 77 28 05 51, www.enoysiena.it, www.terresiena.it
- Parken: siehe S. 102

Auch in Siena lassen sich die meisten Sehenswürdigkeiten bequem zu Fuß erkunden. Es empfiehlt sich, auch den Norden der Innenstadt zu besuchen, denn in den beiden Vierteln San Domenico und San Francesco können Reisende jenseits der touristischen Hauptrouten viel entdecken. Siena geht vermutlich auf eine etruskische Gründung zurück, war später eine römische Kolonie und gewann erst im Mittelalter an Wohlstand und Bedeutung – nun in ständiger wirtschaftlicher, politischer und kultureller Rivalität mit Florenz. Wie in Florenz zählt auch in Siena die gesamte historische Altstadt zum Welterbe der UNESCO.

Sehenswert

Piazza del Campo

| Platz |

Vielleicht der schönste Platz der Toskana, Schauplatz des Palio

Während in Florenz die Renaissance dominiert, ist in Siena noch viel mittel-

Plan S. 101

alterliches Flair zu spüren, was besonders auf der von Patrizierhäusern umstandenen, sich muschelförmig vor dem Rathaus (Palazzo Pubblico) im Mittelpunkt des historischen Zentrums erstreckenden Piazza del Campo deutlich wird. Im Jahr 1956 zur ersten offiziellen Fußgängerzone Italiens erklärt, ist die Piazza del Campo einer der berühmtesten und fotogensten innerstädtischen Plätze des Landes. Zweimal im Jahr verwandelt er sich in den Schauplatz des berühmt-berüchtigten Palio di Siena – ein Pferderennen, bei dem die einzelnen Stadtteile (»contrade«) gegeneinander antreten.

2 Palazzo Pubblico

| Palast |

Beeindruckende Fresken und ein alles überragender Turm

In diesem ab dem 13. Jh. errichteten, heute als Rathaus und Stadtmuseum (Museo Civico) dienenden, zentral an der Piazza del Campo gelegenen Palast residierte einst die republikanische Regierung. Die Amtssäle wurden mit beeindruckenden Fresken ausgeschmückt. So schuf Ambrogio Lorenzetti in den Jahren 1337 bis 1339 für die »Sala della Pace«, den Friedenssaal, das allegorische Fresko einer »Guten und schlechten Regierung«. Während die als tugendhaft, friedfertig und gerecht charakterisierte gute Regierung augenscheinlich für eine prosperiererende, fröhliche Feste feiernde Stadt inmitten der sie umgebenden blühenden Hügellandschaft zeigt, führt die schlechte Regierung zu Zwietracht, Grausamkeit und Betrug. Für den Saal der Weltkarte (»Sala del Mappamondo«) schuf Simone Martini ein großes, um das Jahr 1315 vollendetes Fresko, das die

ADAC Mobil

Siena ist sehr hügelig; wer mit dem Überlandbus, dem Fernbus oder dem Zug ankommt, sollte auf jeden Fall mit einem **Bus zum Zentrum** fahren (Linien 3, 4, 7, 8, 9, 10, 17, 77, Fahrpläne unter www.tiemmespa.it). Und: Auch wenn es einen Fahrradverleih gibt (z.B. Via Camollia 206), sollte man fürs **Rad** schon ziemlich fit sein. Immerhin rüsten die Verleiher gerade mit E-Bikes auf.

Im Blickpunkt

Umstrittenes Rennen: Palio di Siena

Jeweils am 2. Juli und 16. August befindet sich die Stadt in einem Ausnahmezustand. An diesen Tagen treten die einzelnen Stadtteile (»contrade«) in einem der härtesten Pferderennen der Welt gegeneinander an: Beim Palio di Siena werden die Pferde ungesattelt geritten, Behinderungen der Konkurrenz sind ausdrücklich erlaubt. Oft ist es wichtiger, den Sieg einer verfeindeten »contrada« zu verhindern, als selbst zu gewinnen. Nur sehr selten gelingt es einem Stadtteil, in beiden Rennen eines Jahres zu gewinnen – in den letzten zehn Jahren gelang dies nur einmal (dem Stadtteil Lupa, 2016). Die Sieger des Rennens erkennen Sie daran, dass sie wie Babys an ihrem Daumen lutschen – ein Symbol dafür, dass sich ihre »contrada« wie neu geboren fühlt. Kritisiert wird das Rennen vielfach, weil sich immer wieder Pferde schwer verletzen. Auch viele Italiener protestieren gegen den Palio – auf Belehrungen von Touristen in Sachen Tierschutz verzichten sie deshalb gern.

Sienas Piazza del Campo: urbanes Juwel mit Palazzo Pubblico und Torre del Mangia

Jungfrau Maria (die Schutzherrin des Stadtstaates) als »Maestà« (Majestät) zeigt – als vom himmlischen Hofstaat umgebene thronende Madonna. Benannt wurde dieser Saal nach einer einstmals an der rechten Schmalwand angebrachten, aber leider verloren gegangenen runden drehbaren Weltkarte von Ambrogio Lorenzetti.

Der Torre del Mangia direkt am Palazzo ist 88 m hoch – bis zum Blitzableiter sind es 102 m. Das im 14. Jh. errichtete Wahrzeichen der Stadt ist von der Gesamthöhe her der zweithöchste Glockenturm Italiens (nach dem 112 m hohen Campanile in der lombardischen Stadt Cremona). Die Spitze wurde von Lippo Memmi entworfen.

■ Il Campo 1, April–Okt. 10–18, sonst bis 19 Uhr, 10 €, Kombiticket mit Turm 15 €

3 Museo dell'Opera Metropolitana

| Museum |

In den ersten drei Jochen des aus Kostengründen unvollendet gebliebenen Neuen Doms (bei dem die bestehende Kirche das Querschiff bilden sollte) ist seit 1870 das Dommuseum von Siena untergebracht. Neben den Originalen der im 19. und 20. Jh. durch Kopien ersetzten Skulpturen der Schaufassade des Doms ist hier auch ein ganz besonderer Schatz zu bewundern: Duccios berühmte »Maestà«, die der Künstler von 1308 bis 1311 für den Hauptaltar der Kirche malte. Die monumentale, beidseitig bemalte Altartafel zeigt auf der ursprünglich der Gemeinde zugewandten Seite eine Darstellung der thronenden Muttergottes, umgeben von Heiligen und den himmlischen Heerscharen, im Vordergrund kniend die vier Schutzpatrone der Stadt.

■ Piazza del Duomo 8, www.operaduomo.siena.it, März–Okt. 10.30–19, Juni–Aug. bis 20, Nov.–Feb. 10–17 Uhr, Kombipass für alle Kirchen 13 €

4 Duomo Santa Maria Assunta

| Dom |

Der ab der Mitte des 12. Jh. über den Resten eines romanischen Vorläuferbaus aus weißem und grünem Marmor errichtete Dom von Siena thront am höchsten Punkt der Stadt. Im Inneren der Kathedrale beeindrucken 56 Fußbodenbilder in schönster Intarsientechnik, die allerdings nur zwischen dem 21. Aug. und dem 21. Okt. in ihrer ganzen Schönheit zu bewundern sind – in der übrigen Zeit werden sie aus konservatorischen Gründen mit

ADAC Mittendrin

Feste feiern in Siena! Der Palio di Siena mag umstritten sein, doch die **Stadtfeste** in den Tagen vor dem Pferderennen gehören zum Besten, was Siena zu bieten hat. Alle Stadtteile (»contrade«) bauen lange Tafeln in den Gassen auf, es wird getanzt und gesungen.

Holzdielen abgedeckt. Hinter der Vierung steht Nicola Pisanos achteckige Kanzel – ein Meisterwerk der Bildhauerkunst. Pisanos Sohn Giovanni war in den Jahren 1284 bis 1297 Dombaumeister und spielte eine wichtige Rolle bei der Konstruktion des unteren Teils der mit Skulpturen von Propheten, Philosophen und Sibyllen geschmückten Schaufassade des Doms. In der mit einem Freskenzyklus Pinturicchios geschmückten Johanneskapelle findet sich Donatellos Bronzestatue des Täufers. Der Piccolomini-Altar im nördlichen Seitenschiff sollte ursprünglich von Michelangelo fertiggestellt werden. Der lieferte aber wohl nur fünf Figuren (vielleicht auch nur deren zeichnerische Entwürfe), bevor Kaufleute das junge Genie mit reichlich Dukaten nach Florenz abwarben. Im linken Seitenschiff befindet sich die Libreria Piccolomini mit Pinturicchios herrlichen Fresken zum Leben Papst Pius' II., dessen Bibliothek sie beherbergen sollte. In der so bezeichneten Krypta des Doms (die nicht wirklich eine Krypta ist) gilt es, einen Freskenzyklus verschiedener Sieneser Künstler aus dem 13. Jh. zu bewundern, dessen Farbenpracht bis heute erhalten blieb. Im angrenzenden Battistero di San Giovanni, für dessen Besuch man die Kirche verlassen muss, ist das hexagonale Taufbecken mit Marmorziborium auf schlankem Sockel der größte Schatz. Drei der bedeutendsten Bildhauer ihrer Zeit, Jacopo della Quercia, Donatello und Ghiberti, waren an der Gestaltung dieses in den Jahren 1417 bis 1430 entstandenen Taufbeckens beteiligt.

■ Piazza del Duomo, März–Mai tgl. 10.30–19, Juni–Aug. tgl. 10.30–20, Nov.–Feb. bis 17.30 Uhr

5 Ospedale di Santa Maria della Scala

| Museum |

Gegenüber dem Dom (bzw. der Domtreppe – deshalb der Beiname »della Scala«) – sind in einem schon vor mehr als 1000 Jahren von Domkanonikern gegründeten Hospiz Werke bedeutender toskanischer Künstler ausgestellt. Besonders sehenswert ist der Krankenpfleger bei der Arbeit und die Betreuung von Waisenkindern zeigende Freskenzyklus, den Domenico di Bartolo aus Asciano in den Jahren 1440 bis 1443 für die »Sala del Peregrinaio«, den Pilgersaal, schuf.

■ Piazza del Duomo, www.santamariadellascala.com/it, 15. März–15. Okt. Mi, Do und Sa, So 10–19, Fr bis 22, 16. Okt.–14. März Mo, Mi, Do 10–17, Fr–So bis 22 Uhr

6 Pinacoteca Nazionale

| Museum |

Die in den Palazzi Buonsignori e Brigidi untergebrachte Pinakothek zeigt Meisterwerke sienesischer Künstler aus der Zeit vom 13. bis zum 17. Jh.; besonders interessant ist die sienesische Goldgrundmalerei (14. und 15. Jh.). Hinzu kommen im 15. und 16. Jh. entstandene Werke von Künstlern aus Deutschland, Flandern und den Niederlanden. Tipp: Vom »Salone delle sculture lapidee«

haben Sie einen besonders schönen Blick über die Dächer der Stadt.

■ Via San Pietro 29, www.pinacoteca nazionale.siena.it, Mo, So und Fei 9–13, Di–Sa 8.15–19.15 Uhr, 8 €, erm. 2 €

7 Oratorio di San Bernardino

| Museum |

Das im 15. Jh. errichtete, von außen recht unscheinbar wirkende Oratorium gehört zu der Basilica di San Francesco. Im Inneren birgt es heute mit dem Museo Diocesano di Arte Sacra Tafelbilder des 13. und 14. Jh. sowie Fresken von Ambrogio Lorenzetti (darunter seine »Stillende Maria« aus dem Jahr 1320).

■ Piazza San Francesco 9, März–Okt. 10.30–13.30, 15–17.30 Uhr, außerhalb der Saison nach Voranmeldung, Tel. 0577 28 30 48

8 Collegiata Santa Maria di Provenzano

| Kirche |

Im Inneren der 1611 geweihten Kollegiatskirche befindet sich über dem Hochaltar eine aus Terrakotta gefertigte Büste der Madonna di Provenzano, die mit einer Reihe von Wundern verbunden wird. So soll sie einst von einem spanischen Soldaten beschossen worden sein. Doch die Kugel prallte ab und tötete den Schützen. (In einer anderen Version der Geschichte implodierte das Gewehr beim

Plan S. 101

Schuss und tötete den Soldaten, während die Büste unversehrt blieb.) Der Madonna di Provenzano zu Ehren wird Jahr für Jahr der Palio am 2. Juli ausgetragen: Nach dem Sieg erhält die siegreiche »contrade« die jeweils neu gestaltete farbige Standarte; mit ihr begeben sich dann die siegreichen »contradaioli« (die in der entsprechenden »contrade« wohnenden Bürger) in die Kirche Santa Maria di Provenzano, um das traditionelle »Te Deum« zu singen und der Madonna zu danken.

■ Piazza Provenzano Salvani

Santuario Santa Caterina

| Palast |

Das Geburtshaus der hl. Katherina aus Siena (1347–1380) gilt seit 1464 als Heiligtum (»santuario«) und ist seitdem ein wichtiges Pilgerziel. Drei Jahre zuvor war sie heiliggesprochen worden. Schon als Kind hatte sie ihre erste Vision. Später kümmerte sie, die als zweites von 25 Kinder einer verarmten Adelsfamilie geboren worden und auf den Namen Caterina Benincasa getauft worden war, sich hingebungsvoll um Arme und Kranke, bis sie im Alter von 33 Jahren einen frühen Tod starb.

■ Via Costa di Sant'Antonio 6, tgl. 9.30–19 Uhr, barrierefrei zugänglich

Fontebranda

| Brunnen |

Schon Dante beschreibt den im Jahr 1246 errichteten und bis 1296 ausgebauten, mit spitzbogigen Arkaden, Zinnen, Löwenkopfskulpturen und dem Stadtwappen von Siena verzierten Brunnen in seiner »Göttlichen Kommödie« als »schönsten Quell der Welt«. Gespeist werden Sienas alte Brunnen bis heute aus einem unterirdischen Wasserleitungssystem (»bottini«), für das ein 25 km langes Labyrinth aus Stollen errichtet wurde.

■ Via Fontebranda

Gefällt Ihnen das?

Einst waren die Brunnen Mittelpunkte des urbanen Lebens – schön zu sehen nicht nur in Siena, sondern auch auf **San Gimignanos Piazza della Cisterna** (S. 108), in **Pienza** vor dem **Palazzo Piccolomini** (S. 118) oder bei der **Fontane dei Mostri Marini** in **Florenz** (S. 75).

Basilica Cateriniana di San Domenico

| Kirche |

Mehr als 200 Jahre lang, von 1226 bis 1465, wurde an dieser Kirche gebaut. Neben dem Dom ist dies eine der wichtigsten Kirchen der Stadt, was sich erst im Inneren des zwar mächtigen, aber von außen schmucklosen Ziegelsteinbaus vermittelt. Denn in dieser Kirche verbrachte die hl. Katharina einen Großteil ihres religiösen Lebens, und hier blicken wir auch auf das einzige zu ihren Lebzeiten gemalte Bild der Heiligen; zudem befinden sich hier Reliquien von ihr (darunter ihr in Bronze eingefasstes Kopfreliquiar). Wundersamerweise überstanden ihre Reliquien gleich drei Großbrände.

■ März–Okt. 7–18.30, Nov.–Feb. 9–18 Uhr

Parken

Die Innenstadt ist autofrei; nur einigen Hotelgästen wird die Zufahrt erlaubt. Die meisten Hotels mieten für ihre Gäste externe Parkplätze an (ab ca. 25 €/Tag). Für Tagestouristen: Der bestgelegene Parkplatz an der Fortezza Medicea

(Parcheggio San Prospero, Viale Vittorio Veneto, Plan S. 101 westl. a1) ist kostenlos, aber oft voll. Weitere Parkplätze außerhalb der City sind gut ausgeschildert. Achtung: Auf keinen Fall am Dienstagabend auf dem Platz La Lizza parken, denn am Mittwoch ist Markttag; Autos werden abgeschleppt.

Restaurants

€ | Nonno Mede Hier wird der Pizza in allerlei Formen gehuldigt, auch als toskanische »pizze bianche« (ohne Tomaten). Letztere heißen bei den Sienesern »ciaccini«. Es gibt auch exzellente hausgemachte Pasta. ■ Camporegio 21, tgl. 12–14.30 und 19–23 Uhr, Plan S. 101 b1

€€ | Antica Trattoria Papei Sympathischer Familienbetrieb mit toskanischen Klassikern wie Pappardelle mit Wildschweinragout. ■ Piazza del Mercato 6, Tel. 0577280894, tgl. 12–15 und 19–22.30 Uhr, Plan S. 101 b3/c3

Einkaufen

10 **Antica Drogheria Manganelli** Zeit für eine wohlverdiente Pause: Der Feinkostladen aus dem Jahr 1879 ist eine Sieneser Traditionsadresse. Neben Kaffee, Gebäck, Ölen und Gewürzen werden auch die berühmten »ricciarelli« feilgeboten – ovale Gebäckstücke mit Vanille, Mandeln und Honig. ■ Via di Città 71

11 **Pasticceria Nannini** Köstlicher Kaffee, selbstgemachte Eiscreme, hervorragende »dolci«, u. a. himmlische Cantucci. Die Sängerin Gianna Nannini ist ein Spross der Familie, die seit 1910 das toskanische Leben versüßt. Diverse Filialen rund um Siena. ■ Via Banchi di Sopra 24, www.pasticcerienannini.it, Mo–Do 7.30–21.30, Fr bis 22.30, Sa, So bis 23.30 Uhr

Gelateria Kopakabana Hier gibt es das cremigste Eis der Stadt. ■ Via dei Rossi 52, tgl. 11–24 Uhr, Plan S. 101 b1

Im Blickpunkt

Andere Länder, andere Sitten

Es gibt ein paar deutsche Eigenarten, die den Italienern eher merkwürdig erscheinen. Da wäre zum Beispiel unsere ungezügelte Lust auf Cappuccino, selbst am Nachmittag und am Abend: Für den Italiener ist ein Cappuccino ein Frühstücksgetränk und nichts, was bei 28 Grad Außentemperatur am Abend getrunken werden sollte. Allzu zeitig Appetit zu bekommen empfiehlt sich auch nicht: »Wie die Hühner« (»come le galline«) nennen die Italiener kopfschüttelnd unseren Drang, allzu früh zum Abendessen zu gehen. Gute Restaurants öffnen um 19.30 oder 20 Uhr. Auch der ewige deutsche Wunsch nach einem Salat zum Essen wird zwar meistens erfüllt, aber doch auch mit hochgezogener Augenbraue betrachtet. Das Schlimmste jedoch, was eine deutsche Tischrunde machen kann, ist das Auseinanderklamüsern der Rechnung. Also: Zahlen Sie tischweise und verhandeln Sie, wenn es denn unbedingt nötig ist, danach untereinander über die Differenzbeträge, ohne die arme Bedienung aufzuhalten. Oder zahlen Sie wenigstens »alla romana«: die Gesamtsumme dividiert durch alle Beteiligten.

Erhaben thront die Stadt Volterra über dem Val di Cecina, dem Tal des Cecinaflusses

Il Papiro Wunderschöner Papier- und Schreibwarenladen. ■ Via di Città 37, tgl. 9.30–19.30 Uhr, Plan S. 101 b2

Morbidi Überbordende Auswahl an Olivenöl, Wein, Pasta, hausgemachten Patés, Schinken, Süßem und Käse. ■ Via Banchi di Sopra 75, Mo–Do 8–20, Fr, Sa 8–22 Uhr, Plan S. 101 b1

Kneipen, Bars und Clubs

Non Solo Bar Hübsch gelegen in der Altstadt für eine Kaffeepause. Es gibt auch Panini, Eis und sonstige Snacks. ■ Via del Porrione 58, Mo–Fr 7–19, Sa 7–16 Uhr, Plan S. 101 b2

Tea Room Stilvoll in die Nacht: Es gibt eine große Teeauswahl, auch die Cocktails sind exzellent. Gute toskanische Weine und hausgemachte Desserts runden das Angebot ab. Ein- bis zweimal pro Woche wird Live-Jazz geboten. ■ Via di Porta Giustizia 1, tgl. 17–2 Uhr, Plan S. 101 c3

13 Volterra

Kleinstadt auf Hügeln, mittelalterlicher Ortskern, Panoramablicke

Information

■ UIT, 56048 Volterra, Piazza dei Priori 20, Tel. 058 887257, www.volterratur.it

Volterra ist eines der hübschesten Städtchen der Toskana. Nicht nur der mittelalterliche Kern, sondern auch die beeindruckende Aussicht über die umgebende Landschaft fasziniert Besucher. Einst hatten die Etrusker hier ihre wichtigste Ansiedlung; die Kupfervorkommen der Region machten die Stadt zu einer der wichtigsten in dem etruskischen Zwölfstädtebund. Aus der römischen Zeit sind noch die Ruinen eines antiken Theaters und antiker Thermenanlagen erhalten. Heute leben etwa 10 500 Menschen in der Stadt, deren markante, im 15. Jh. von den Medici angelegte Festung seit Langem als Staatsgefängnis dient. Zudem ist Volterra ein Zentrum der Alabasterverarbeitung: Die feinkörnige, weißliche, meist durchscheinende Gipsart erinnert ein wenig an Marmor, ist aber weicher und eignet sich u. a. gut für die Herstellung von Schmuck, Büsten und Ziergegenständen im Innenraum-Bereich.

Sehenswert

Piazza dei Priori

| Platz |

Besonders am Abend ist Volterras Zentrum ein magischer Ort

Den Mittelpunkt des Städtchens bildet die Piazza dei Priori mit dem festungsartigen Palazzo dei Priori von 1208, in dem heute der Bürgermeister regiert. Oder herrschen hier die Vampire (siehe »Im Blickpunkt«, rechts)? Der Bau ist der älteste erhaltene städtische Palast der Toskana, und vom Turm aus sieht man gut 50 km weit bis zum Meer.

■ Tgl. 10.30–17 Uhr, 6 €, erm. 3 €

Porta all'Arco

| Stadttor |

Reste der etruskischen Stadtmauer stehen noch, darunter als einziges erhaltenes dieses Tor. Es stammt aus dem 4. Jh. v. Chr. und beweist, dass die Etrusker schon über erstaunliche architektonische Fertigkeiten verfügten.

■ Via Porta all'Arco

Palazzo Minucci Solaini

| Museum |

In diesem Palast sind das Stadtmuseum (Museo Civico) und die Pinakothek untergebracht. Dort werden die Werke bedeutender toskanischer Maler vor allem des 14., 15. und 16. Jh. gezeigt; darunter Rosso Fiorentinos berührende »Kreuzabnahme« von 1521. Interessant ist auch die Ausstellung zur Gewinnung und Verarbeitung von Alabaster.

■ Via dei Sarti 1, Mitte März–Okt. 9–19, Nov.–Mitte März 9–14 Uhr, 8 €

Museo Guarnacci

| Museum |

Bedeutende Sammlung etruskischer Kunst aus vorrömischer Zeit

Das Museum zeigt Urnen und Sarkophage sowie Vasen und Schmuckgegenstände der Etrusker. Berühmt ist die »Ombra della Sera« (»Abendschatten«), eine 60 cm hohe, vor rund 2300 Jahren gestaltete Votivfigur.

■ Via Don Giovanni Minzoni 15, Mitte März–Okt. tgl. 9–19, Nov.–Mitte März tgl. 10–16.30 Uhr, 16 €, erm. 13 €

Im Blickpunkt

Vampire in Volterra?

Als die US-amerikanische Bestsellerautorin Stephenie Meyer nach einem wohlklingenden Ort für die Volturi-Familie suchte, die herrschende Dynastie ihrer Vampirsaga »Twilight«, stieß sie im Internet auf den Namen Volterra, der ihr gut gefiel. Zum Glück für die Stadt: Meyers Buchreihe verkaufte sich inzwischen über 100 Millionen Mal, wurde in 37 Sprachen übersetzt – und kurbelte den Tourismus in Volterra gewaltig an. Laut »Twilight«-Saga gibt es in Volterra schon seit 3000 Jahren Vampire, weshalb in der Stadt nun auch Rundgänge und Dia-Shows angeboten werden, die blutrünstigste Vampirfantasien bedienen.

Macht und Ansehen signalisierten die Geschlechtertürme in San Gimignano

Parken

Mehrere Parkhäuser sind gut ausgeschildert, am bequemsten ist das Parkhaus La Dogana an der Piazza Martiri della Libertà. ■ Ab 1,50 €/Std.

Restaurants

€ | La Vecchia Lira Sympathisches Restaurant, in dem man sich am Tresen selbst mit frischer Pasta bedienen darf. ■ Via Matteotti 19, Mo–Mi, Fr–So 11–15 und 19–23 Uhr

Einkaufen

Scali Das Geschäft ist angefüllt mit allerlei Alabaster-Kunst und bietet Mitbringsel vom Aschenbecher über Kühlschrankmagneten und Schachfiguren bis hin zu Nachbildungen antiker Statuen in jeder Größe. ■ Via Matteotti 16, tgl. 9–20 Uhr, Dependance in der Via Guarnacci 7

14 San Gimignano

»Manhattan des Mittelalters«, faszinierend, wenn auch meistens überlaufen

Information

■ Pro Loco, 53037 San Gimignano, Piazza del Duomo, Tel. 0577 94 00 08, www.sangimignano.com

Schon bei der Anfahrt bietet sich dem Besucher ein Anblick, den er nicht mehr vergisst: Die 15 erhaltenen Ge-

schlechtertürme (von einst 72) der auf einer Anhöhe gelegenen Stadt überragen majestätisch die Landschaft. Tatsächlich hatten diese toskanischen Wolkenkratzer keinen tieferen Sinn als den, die Nachbarn zu beeindrucken: Mit deren Höhe wollte einstmals der Stadtadel – die reichen Woll-, Wein- und Gewürzhändler – seine Macht zum Ausdruck bringen. Je höher der Turm, desto besser, auch wenn sie in der Praxis kaum bewohnt werden konnten: Im Sommer war es zu heiß, im Winter zu kalt; stets zog der Wind durch die hölzernen Fensterläden. Knapp über 7700 Menschen wohnen heute noch in der Stadt, die sich inzwischen zwar ganz auf den Tourismus eingestellt, ihren Charme in den schmalen Gässchen aber nicht verloren hat. Stimmungsvoll: Jeden Donnerstag findet hier ein farbenfroher Markt statt (8–13.30 Uhr).

Sehenswert

Museo Civico und Torre Grossa

| Museum |

6 *Hier verhandelte einst Dante Alighieri mit den Stadtoberen*

Der einstige Regierungspalast dient heute größtenteils als Museum. In der Sala della Podestà stand am 8. April des Jahres 1300 Dante Alighieri als Botschafter der Florentiner, um die Stadtoberen zum Kongress der Welfen einzuladen. Im zweiten Stock befindet sich eine erlesene Sammlung zur Kunst des Mittelalters und der Renaissance. Der 54 m hohe Torre Grossa ist der höchste erhaltene Turm der Stadt und auch für Touristen zugänglich.

■ Piazza Duomo 2, tgl. 10–19 Uhr, 9 €

Duomo Santa Maria Assunta

| Kirche |

Von außen romanisch schlicht, lohnen im Inneren der auch als Dom bezeichneten Kollegiatskirche herrliche Fresken von Domenico Ghirlandaio (in der Dom-

ADAC Mittendrin

Die **Gelateria Dondoli** an der zentral gelegenen Piazza della Cisterna in San Gimignano wird von Sergio Dondoli betrieben, der schon zweimal den Weltcup der Eishersteller (Coppa del Mondo) für sich entscheiden konnte! Sergio ist eine lokale Berühmtheit und begeistert mit individuellen Kreationen à la Crema di Santa Fina (Eiscreme mit Safran und Pinienkernen) oder Champelmo (rosa Pampelmuse und Spumante).

Stadtbummel auf der pittoresken Piazza della Cisterna in San Gimignano

kapelle Santa Fina) und anderen Künstlern des 13./14. Jh. den Besuch.

■ Piazza Duomo, www.duomodisangimignano.it, April–Okt. Mo–Fr 10–19.30, Sa bis 17.30, So 12.30–19.30, Nov.–März Mo–Sa 10–17, So ab 12.30 Uhr, 5 €, erm. 3–4,50 €

San Gimignano 1300

| Museum |

Klein, aber sehr fein: San Gimignano im Miniaturformat, so wie sich die Stadt vor sieben Jahrhunderten präsentierte. Die handgefertigten Keramikbauten sind im Maßstab 1:100 gehalten.

■ Via Costarella 3, www.sangimignano1300.com, Mai–Nov. tgl. 10–18, Dez.–April 10–17 Uhr, Spende erwünscht

Piazza della Cisterna

| Platz |

An der Piazza della Cisterna, die nach dem Brunnen (»cisterna«) aus dem Jahr 1287 in ihrer Mitte benannt ist, hat sich seit dem Mittelalter wenig verändert.

Torre del Diavolo

| Turm |

Der Legende nach wurde der »Teufelsturm« von Dämonen errichtet, als der Besitzer auf einer Reise war. Hier gibt es über dem eigentlichen Portal noch ein weiteres – Zutrittsort für Höllenfiguren?

■ Piazza della Cisterna

Rocca di Montestaffoli

| Festung |

13 *Wehrhafte Anlage mit Aussicht und sommerlichen Konzerten*

Nachdem San Gimignano seine Macht verlor, verfiel die Festung, doch inzwischen wird sie wieder genutzt – nicht nur von Touristen, die den Panoramablick genießen, sondern auch für Konzerte, Degustationen und dergleichen.

■ Via della Rocca 8

Museo del Vino Vernaccia di San Gimignano

| Museum |

Der Vernaccia di San Gimignano ist ein beliebter, von über 200 Winzern rund um die Stadt aus der gleichnamigen Rebsorte gekelterter DOC-Weißwein, der schon in Dantes »Göttlicher Komödie« vorkommt. Das Museum präsentiert über 500 Flaschen sowie historische Accessoires. Auf Wunsch gibt es auch geführte Degustationen.

■ Via della Rocca 1, Tel. 0577941267, www.sangimignanomuseovernaccia.com, Eintritt frei

Parken

Gut ausgeschildert, teilweise direkt vor dem (komplett verkehrsberuhigten) Zentrum, ab 2 €/Std.

Restaurants

€€ | **Boboli** In dem urigen Gewölbe gibt es einen guten Kaffee und Snacks. Wer länger bleiben will, sollte die Tagliatelle mit Steinpilzen probieren.
■ Via San Giovanni 30/32, Tel. 0577 940691, tgl. außer Mi 7.30–19 Uhr

15 Colle di Val d'Elsa

Mittelalterliche Oberstadt, wichtiges Zentrum der Kristallherstellung

Information

■ Pro Loco, 53034 Colle di Val d'Elsa, Via Via Francesco Campana 18, Tel. 0577 922791, www.comune.collevaldelsa.it

Bedeutung erlangte der schon sehr früh besiedelte Ort, weil er an der legendären Pilger- und Handelsstraße Via Francigena lag, der aus dem Frankenreich nach Rom zur Grabstätte der Apostel Petrus und Paulus führenden Frankenstraße. Seit dem 14. Jh. wird hier hochwertiges Kristallglas hergestellt – noch heute sorgt das Städtchen mit seinen knapp 22000 Einwohnern für 95 Prozent der italienischen und 15 Prozent der weltweiten Kristallglasproduktion. Beim Kristallfest »Cristallo tra le mure« im September zeigen die Handwerker, was sie können. Auch die Herstellung von hochwertigem Papier war hier einst weitverbreitet. Der Ort besteht aus Colle alta, der Alt- und Oberstadt; der größte Teil des Alltagslebens spielt sich allerdings im moderneren Colle bassa ab, in der Unter- oder Neustadt. Von der Via Meoni/Via Garibaldi aus gelangt man bequem mit dem Fahrstuhl hinauf.

Sehenswert

Museo del Cristallo

| Museum |

Das Museum illustriert die Entwicklung dieses traditionsreichen Handwerks von den Anfängen bis zur Gegenwart und zeigt schöne Kristallgegenstände.

■ Via dei Fossi, www.museodelcristallo.it, bereits seit 2018 wg. Renovierung geschl., ein Großteil der Exponate ist im Spazio espositivo del Vetro e del Cristallo (Via del Castello 33) zu sehen, Eintritt frei

Museo Archeologico »Ranuccio Bianchi Bandinelli«

| Museum |

Schwerpunkt der im Palazzo del Podestà (14. Jh.) untergebrachten Sammlung sind eindrucksvolle Relikte der etruskischen Epoche, darunter außergewöhnlich schön geformte schwarze Vasen und andere Preziosen.

■ Piazza del Duomo 42, www.museocolle.it, Mai–Sept. Di–Fr 10.30–12.30 und 16.30–19.30, Okt.–Aprl Di–Fr 15.30–17.30 Uhr, 4 €, erm. 2,50 €

Ponte Campana

| Brücke |

Auch die sich auf einem Bergrücken über dem Elsa erstreckende Oberstadt teilt sich noch einmal in zwei Teile: Castello und Borgo. Verbunden wurden diese beiden Stadtteile einst mit einer Zugbrücke. Später wurde sie durch die steinerne Ponte Campana ersetzt, die man bis heute durch ein Tor im (bereits um das Jahr 1536 errichteten) Palazzo Campana betritt.

■ Via del Campana

Im Blickpunkt

Das Leben und die Liebe

»Il Decamerone« ist eine im 14. Jh. entstandene Sammlung von 100 Novellen und bis heute faszinierend zu lesen. Die Rahmenhandlung lässt sich schnell erzählen: Zehn junge Adlige, sieben Frauen und drei Männer, treffen sich auf ihrer Flucht vor der Pest in einem Landhaus außerhalb von Florenz. Dort wird jeweils einer von ihnen dazu bestimmt, das Thema des Tages vorzugeben, zu dem sich dann jeweils alle zehn Anwesenden eine Geschichte ausdenken und erzählen müssen. Nach zehn Tagen und zehn mal zehn Novellen, in denen Fragen der Liebesmoral und des menschlichen Zusammenlebens die erzählerische Klammer bilden, kehrt die Zufallsgesellschaft nach Florenz zurück.

Porta Nova

| Stadttor |

Ganz im Westen schließt ein Torbogen mit mächtigen Wachtürmen das Borgo ab. Letztere sind ein Beispiel für die Militärarchitektur im 15. Jh.

■ Via Gracco

Parken

Die Altstadt ist verkehrsberuhigt, aber es gibt viele gut ausgeschilderte Parkplätze entlang der SS68 und bei der Piazza Arnolfo di Cambio, in der Via di Porta Vecchia, der Via di Porta Nuova und in der Via Tontibuona.

Restaurants

€€ | **L'Angolo di Sapia** Enoteca und Restaurant mit romantischer Terrasse und Traumblick. ■ Via del Castello 14/b, Tel. 0577921453, Di–So 12–24 Uhr

16 Certaldo

Mittelalterlicher Stadtkern, Andenken an den Dichter des »Decamerone«

Information

■ UIT, Piazza Boccaccio 13, 50052 Certaldo, Tel. 0577656721, www.comune.certaldo.fi.it

Wo Giovanni Boccaccio geboren wurde, ist ungewiss – vermutlich in Florenz oder vielleicht auch hier in Certaldo. Gesichert ist jedenfalls, dass der Dichter in Certaldo starb, nicht ohne uns zuvor eines der wichtigsten Werke der Weltliteratur hinterlassen zu haben: »Il Decamerone« (siehe »Im Blickpunkt«, links). Das Haus, in dem der Autor seine letzten Jahre verbrachte, gehört zu den

Stimmungsvoller Ort für Ausstellungen: der Palazzo Pretorio in Certaldo

Hauptsehenswürdigkeiten des Ortes, dessen Ursprünge wohl bis in die Zeit der Etrusker zurückreichen. Erstmals offiziell erwähnt wird Certaldo, in dem heute knapp 16 000 Menschen leben, in einem Dokument aus dem Jahr 1146. Der Ort teilt sich in einen auf einem Hügel gelegenen mittelalterlichen Stadtkern (Certaldo alto) und der unterhalb am Elsa-Fluss sowie direkt an der Via Francigena gelegenen Neustadt (Certaldo basso). Eine Treppe und eine Drahtseilbahn verbinden die beiden Stadtteile. Jeden Sommer findet in Certaldo die »Mercantia«, eines der größten Straßentheater Europas, mit Theatergruppen und Kunsthandwerkern statt (www.mercantiacertaldo.com).

Sehenswert

Palazzo Pretorio

| Palast |

In dem ursprünglich im 12. Jh. entstandenen, später erweiterten Palast residierten zunächst die Grafen Alberti, später diente er als Sitz der Florentiner Statthalter und als Gerichtsstätte. Seine Wände sind mit den Wappen der noblen städtischen Familien verziert, die ehemaligen Amtsräume werden heute für Ausstellungen genutzt. Schöner Rundblick vom Turm.

■ Via Boccaccio/Via Rivellino, 9.30–13.30 und 14.30–19, im Winter bis 16.30 Uhr, 5 €

Casa del Boccaccio

| Museum |

Auch zu dem unterhalb des Palazzo Pretoria gelegenen Haus, in dem Boccaccio seine letzten Lebensjahre verbrachte, gehört ein Turm, von dem sich ein schöner Panoramablick bis San Gimignano bietet. Heute ist die Casa del Boccaccio Sitz des nationalen Boccaccio-Studienzentrums. Die Bibliothek birgt viele verschiedene Ausgaben und Übersetzungen des »Decamerone«. In der nahen ehemaligen Klosterkirche Santi Jacopo e Filippo (13. Jh.) finden sich ein Kenotaph mit Versen von Boccaccio und eine Büste des Dichters.

■ Via Boccaccio 18, www.casaboccaccio.it, im Sommer tgl. 9.30–13.30 und 14.30–19 Uhr, im Winter Mi–Mo bis 16.30 Uhr, 5 €

Parken

Das Herauffahren nach Certaldo alto ist nicht erlaubt, ein großer Parkplatz befindet sich in der Unterstadt vor dem Rathaus (ausgeschildert, 1 €/Std.). Die Seilbahn fährt alle 15 Min. von der Piazza Boccaccio aus los; Hin- und Rückfahrt kosten 1,50 €.

Restaurants

€€ | Da Messer Boccaccio Stolz ist man in Certaldo auf seine Zwiebelgerichte; hier sind sie besonders köstlich. ■ Via Boccaccio 35, Tel. 0571 66 51 22, Do–Di

17 San Miniato

Erhabenes Stadtjuwel an der Kreuzung zweier mittelalterlicher Verkehrswege

Information

■ UIT, 56028 San Miniato, Piazza del Popolo 1, Tel. 0571 42 74 5, www.sanminiatopromozione.it

Die vermutlich von Etruskern gegründete Stadt mit ihren heute knapp 28 000 Einwohnern wurde im 8. Jh. von Longobarden besetzt, die hier zu Ehren ihres Heiligen Minias eine Kirche bauten. Barbarossa ließ die am Schnittpunkt der Via Francigena und der alten Römerstraße von Pisa nach Florenz gelegene Stadt befestigen, Otto der Große ein Kastell errichten, Friedrich II. verlieh der Stadt zahlreiche Rechte. In späteren Jahrhunderten wurde San Miniato wie so viele toskanische Kleinstädte im Konflikt zwischen Siena, Pisa und Florenz aufgerieben. Als Folge einer dieser kriegerischen Auseinandersetzungen floh ein Teil der Familie Buonaparte, die hier ihren Stammsitz hatte und aus der später der (sich selbst Napoleon Bonaparte nennende) französische Kaiser Napoleon I. hervorging, nach Korsika. In den Wäldern um San Miniato findet man die begehrten weißen Trüffeln; an drei Wochenenden im November findet auf dem Domplatz ein großes Trüffelfestival statt, natürlich mit Verkostung und Weinproben.

Sehenswert

Rocca Federiciana

| Turm |

Von der einstigen Rocca Federiciana, der bis auf die Grundmauern abgerissenen Kaiserburg Friedrich II., blieb nur ein Turm, der 1944 von deutschen Soldaten gesprengt und 1958 wieder aufgebaut wurde. Traumblick auf das Tal!

■ Di–So 11–18, Winter bis 17 Uhr, 4/3 €

ADAC Wussten Sie schon?

San Miniato ist ein Mitglied von **Cittàslow**, einer ursprünglich von Italien ausgehenden, inzwischen u.a. auch in Deutschland aktiven Bewegung zur Entschleunigung und Erhöhung der Lebensqualität in Städten. Als Logo dient eine Schnecke, die auf ihrem Haus eine kleine Stadt transportiert. Laut Manifest geht es der Bewegung darum, dass hier der »Mensch noch das Langsame anerkennt, den Wechsel der Jahreszeiten, die Echtheit der Produkte und die Spontaneität der Bräuche genießt, den Geschmack und die Gesundheit achtet«.

Sistema Museale

| Kulturrundgang |

Alle wichtigen Paläste, Kirchen und Museen der Stadt sowie die Rocca Federiciana erschließen sich dem Besucher auf diesem Rundgang. Idealer Startpunkt ist der Domplatz.

■ www.comune.san-miniato.pi.it, 5 € inklusive Eintritt für den Friedrichsturm, Vorbestellung auch per E-Mail: sistema museale@comune.san-miniato.pi.it

Parken

Gratis-Parkplatz Fonti alle Fate, von dort geht es dann weiter mit dem Aufzug in die höhergelegene Altstadt.

Restaurants

€€ | La Gioconda Hier werden köstliche Fleisch- und Pilzgerichte serviert; von Oktober bis Januar dreht sich alles um die besonders feinen weißen Trüffeln.

■ Via San Regolo 84, Loc. La Serra, Tel. 0571 460318, Di- und Sa-Abend geschlossen

18 Montepulciano

Renaissance-Paläste und Spitzenweine in Spitzenlage

Information

■ Ufficio del turismo, 53045 Montepulciano, Piazza Don Minzoni 1, Tel. 0578 757341, www.montepulcianoliving.it

Der in 605 m Höhe gelegene Ort hat sich vor allem durch seine edlen Tropfen einen Namen gemacht: Der Vino Nobile di Montepulciano gehört zu den besten Weinen des Landes. Wie der Chianti wird er aus der Sangiovese-Traube hergestellt, darf aber (wie der

Gute Nase: Kellermeister Adamo Pallecchi in Montepulcianos Weingut Contucci

Chianti) mit bis zu 30 Prozent anderen Trauben verschnitten werden (meist mit traditionellen Sorten wie Colorino oder Canaiolo). Der Bedeutung des Weins für die Region entsprechend wird der »Palio« in Montepulciano mit rollenden Weinfässern ausgetragen. Zudem ist Montepulciano die Heimat des jedes Jahr Ende Juli/Anfang August stattfindenden »Cantiere Internazionale d'Arte di Montepulciano« (www.fondazionecantiere.it). Ins Leben gerufen wurde das Musikfestival von dem deutschen Komponisten Hans Werner Henze (1926–2012).

An architektonischen Sehenswürdigkeiten hat Montepulciano eine intakte mittelalterliche Altstadt aufzubieten, durchsetzt mit Renaissance-Palästen. Letztere gehörten einstmals reichen Ruheständlern aus Siena und Florenz.

Sehenswert

Piazza Grande

| Platz |

Fotogener Hauptplatz des Ortes, um den sich der Dom (16. Jh.) und das Rathaus, der Palazzo Comunale, gruppieren. Die unverkleidete Fassade des Doms gibt der Piazza ein spezielles Flair. Immer wieder kommt Hollywood vorbei, um den Ort als Kulisse zu nutzen, zuletzt in der »Twilight«-Filmreihe. ■ Tgl. 10–18 Uhr, 5 € (unbedingt auf den Turm steigen!)

Palazzo Contucci

| Weingut |

Contucci ist ein mitten im Ort gelegenes Familienweingut mit 1000-jähriger Tradition – das einzige, das hier selbst Wein produzieren darf. Im Palazzo Contucci aus dem frühen 16. Jh. direkt an der Piazza Grande kann der hauseigene Montepulciano verkostet werden.
■ Via del Teatro 1, www.contucci.it, tgl 11–18.30 Uhr

Parken

Fünf gut ausgeschilderte Parkplätze, der größte am »P1« auf der Piazza Don Giovanni Minzoni (1,50 €/Std.).

Restaurants

€€ | **Porta di Bacco** Osteria und Enoteca mit vielen guten offenen Montepulciano-Weinen. Dazu wird Aufschnitt gereicht. ■ Via di Graciano nel Corso 102/108, Tel. 0558757948, 12.30–14.30 und 19.30–22 Uhr, Di geschl.

Die Piazza Grande mit dem Palazzo Comunale ist das Zentrum von Montepulciano

19 Chiusi

Gut für einen entspannten Abstecher auf den Spuren der Etrusker

Information

■ Comune di Chiusi, 53043 Chiusi, Piazza XX Settembre 1, Tel. 0578 22 3 61, www.comune.chiusi.siena.it

Chiusi, auf einem knapp 400 m hohen Tuffsteinplateau erbaut und heute ein beschauliches Städtchen mit etwa 8300 Einwohnern, war einst der Königssitz von Lars Porsenna – wohl der mächtigste Führer des etruskischen Zwölfstädtebundes, unter dem die Etrusker, Plinius dem Älteren zufolge, im frühen 6. Jh. v. Chr. sogar Rom erobert und mit Tributpflicht belegt haben sollen. Im Jahr 296 v. Chr. trat der Ort dem Imperium Romanum bei, im Mittelalter wurde er zum Spielball der Mächtigen: Orvieto, Siena und Florenz wechselten sich als Herrscher ab, ehe Chiusi 1556 dem damaligen Großherzogtum Toskana einverleibt wurde.

ADAC Wussten Sie schon?

In der Toskana, die nach ihnen benannt ist, siedelten die **Etrusker** schon lange vor den Römern. Etwa in den Jahren 900 bis 400 v. Chr. waren sie das mächtigste, wohlhabendste und schöpferischste Volk Italiens. Sie schufen eine der fortschrittlichsten Zivilisationen des Abendlandes, legten Straßen an, errichteten Brücken und Bewässerungsanlagen, genossen als Töpfer, Metallarbeiter und Goldschmiede einen exzellenten Ruf und vermachten den Römern, in deren Kultur sie schließlich aufgingen, die Schreibkunst sowie das Alphabet.

Sehenswert

Museo Nazionale Etrusco e Tombe

| Museum |

14 *Urnen, Schmuck, Waffen – faszinierende Zeugnisse der Etrusker*

Mit einer der größten Sammlungen etruskischer Hinterlassenschaften weltweit gibt das Museum einen exzellenten Einblick in die hoch entwickelte Kultur der Etrusker. Im Eintrittspreis ist auch die Besichtigung der rund 3 km vom Ort entfernt gelegenen Tomba della Pellegrina (aus-

Im Blickpunkt

Natur und Kultur

Wie kann eine Landschaft UNESCO-Weltkulturerbe sein? Ganz einfach: Die wunderschönen Hügel der Toskana wurden schon seit dem späten Mittelalter vielerorts ganz bewusst von den Mächtigen auf bezaubernd getrimmt. Im Val d'Orcia etwa pflanzte man Zypressen aus ästhetischen Gründen an, denn nicht nur die Städte sollten harmonisch angelegt sein, sondern auch das sie umgebende Land. Dem Umweltschutz kommt das entgegen: Im ganzen Orciatal sind Neubauten oder sonstige Eingriffe (etwa neue Straßen) streng verboten.

geschildert) enthalten, ein sogenanntes Ganggrab mit vier Grabnischen und drei Grabkammern.

■ Museo Nazionale Etrusco, Via Porsenna 93, tgl. 9–20 Uhr, 6 €, erm. 2 €, jeden ersten So im Monat Eintritt frei

■ Tomba della Pellegrina, Führung März–Okt. tgl. 11 und 16, sonst 11 und 14 Uhr

Labirinto di Porsenna

| Ausgrabungsstätte |

Diese unterirdischen Gänge wurden von den Etruskern zum Sammeln des Regenwassers angelegt. Der Zugang erfolgt über das Museum der Cattedrale di San Secondiano.

■ Piazza Duomo 7, tgl. 9–20 Uhr, 7 €, erm. 3 €. Jeden ersten So im Monat Eintritt frei

Cattedrale di San Secondiano

| Kirche |

Ein erster Vorläuferbau dieser Kirche kann bis auf das 6. Jh. zurückdatiert werden. Von dieser Zeit zeugen noch antike römische Säulen sowie der Mosaikboden unter dem Altar.

■ Piazza Duomo 1

Parken

Parkplätze gibt es in der Via Lavinia und entlang der Via Montegrappa (max. 4 Std.).

20 Montalcino

Wehrhafte Stadt, treuer Verbündeter Sienas, Brunello-Produzent

Information

■ UIT, 53024 Montalcino, Costa del municipio 1, Tel. 05 77 84 93 31, www.prolocomontalcino.com

Montalcino stand über Jahrhunderte treu an Sienas Seite und bot verfolgten Bürgern dieser Stadt Asyl. Deshalb darf Montalcino auch bei der historischen Parade im Vorfeld zum Palio di Siena teilnehmen – mit Massa Marittima als einzige Gemeinden von außerhalb. Von den Weinbergen der Umgebung kommt wohl der edelste aus der Sangiovese-Traube gekelterte Wein, der Brunello di Montalcino. Stimmungsvoll: das Jazz & Wine-Festival im Juli (www.montalcino jazzandwine.com).

Sehenswert

Fortezza

| Burg |

Wuchtige, um die Mitte des 14. Jh. auf dem höchsten Punkt der über den Flüssen Asso und Ombrone thronenden Stadt erbaute Wehranlage, von der man eine schöne Aussicht hat.

■ # Piazzale Fortezza, tgl. 9–20 Uhr, 4 €, erm. 2 €

Museo di Montalcino

| Museum |

Vorwiegend sakrale Kunst der Region in den Räumen eines früheren Klosters.

■ Via Ricasoli 31, Di–So 10–13 und 14–17.50 Uhr, 4,50 €, erm. 3 €, Kombiticket mit Festung 6 €

Castello Banfi

| Weingut |

Das größte Weingut der Toskana logiert in einem mittelalterlichen Kastell 12 km außerhalb der Stadt und pflanzt auf seinen heute rund 850 ha Fläche edelste Tropfen an. Spannendes Weinmuseum mit Probierstube.

Zwischen Montalcino und Pienza erstreckt sich das fruchtbare Val d'Orcia

■ Loc. Castello di Poggio alle Mura, www.castellobanfi.com, im Sommer tgl. 10–19.30, Nov.–Feb. bis 18 Uhr

Parken

Am bequemsten parken Sie direkt an der Fortezza (Piazzale Fortezza, etwa 800 Plätze, 1,50 €/Std.).

Restaurants

€€ | **Osteria di Porta Al Cassero** Familiäre Atmosphäre, gute Karte. ■ Via Ricasoli 32, Tel. 0577 847196, Mi geschl.

Cafés

Fiaschetteria Italiana 1888 eröffnetes Café mit Großstadt-Grandezza.
■ Piazza del Popolo 6, So geschl.

21 Pienza

Erste »ideale Stadt« der Welt mit päpstlichem Segen

Information

■ UIT, 53026 Pienza, Piazza Dante Alighieri 18, Tel. 0578 749071, www.ufficioturisticopienza.it

Das Städtchen hieß zunächst Corsignano und war 1405 der Geburtsort des späteren Papstes Pius II., der hier eine »ideale Stadt« nach humanistischen Grundsätzen errichten wollte. Die Umgestaltung begann 1459, ein Jahr nach der Papstwahl, unter der Federführung des Architekten Bernardo Rossellino aus Florenz. Romantisch-intim: Pienzas Wochenmarkt (jeden Freitag). Dort gibt es auch den berühmten Schafskäse der Stadt, den Pecorino.

Sehenswert

Piazza Comunale

| Platz |

7 *Der ideale Platz für die ideale Stadt – beliebtes Fotomotiv*

Von allen Seiten streben Straßen auf den Platz, der viele »ideale« harmonische Perspektiven und Ausblicke auf das Orcia-Tal bietet. Hier steht auch der Palazzo Piccolomini, der hübsche Stadtpalast der Familie von Pius II.

■ www.palazzopiccolominipienza.it, Mo–Sa 10–18.30 Uhr, 7 €, erm. 5 €

Duomo Santa Maria Assunta

| Dom |

Auch der Dom gehörte zum päpstlichen Projekt der idealen Stadt. Der Bau ging flott voran und wurde im Jahr 1462 noch von Pius II. selbst eingeweiht.

■ Piazza Comunale

Parken

Punta Sosta Comunale, Via Mario Mencatelli, von dort sind es dann noch etwa 150 m zum Ortskern.

ADAC Wussten Sie schon?

Von den mehr als 1000 **UNESCO-Welterbestätten** liegen 58 in Italien – mehr als in jedem anderen Land der Erde. 51 davon zählen zum Weltkulturerbe, sieben zum Weltnaturerbe. Allein sieben der italienischen Welterbestätten befinden sich in der Toskana: das historische Zentrum von Florenz, der Domplatz von Pisa, die historischen Zentren von San Gimignano, Siena und Pienza, das Val d'Orcia sowie die Villen und Gärten der Medici.

Übernachten

Außerhalb der großen Städte Siena und Florenz werden die Hotels deutlich preiswerter. Auch das Ambiente verändert sich: Statt in Renaissance-Palazzi wohnt man oft in mittelalterlichen »borghi«. Wie in den Städten gilt auch hier: Schnäppchen sind in der Toskana eher selten, allzu günstige Angebote bedeuten meist einen deutlichen Mangel an Komfort. Allerdings schwanken die Preise je nach Zeitraum (bzw. Saison) und Kurzfristigkeit der Buchung teilweise enorm.

Siena 96

€ | **Albergo Tre Donzelle** Schlichtes, sauberes Hotel auf drei Stockwerken, sehr zentral gelegen. ■ 53100 Siena, Vicolo delle Donzelle 5, Tel. 0577 27 03 90, www.tredonzelle.com

€€ | **Chiusarelli** Im Zentrum in einer klassizistischen Villa gelegen. Alte Gewölbe, romantischer Weinkeller, gutes Restaurant. ■ 53100 Siena, Viale Curtatone 15, Tel. 0577 28 05 62, www.chiusarelli.com

€€€ | **La Bagnaia** Nur 10 km südl. von Siena, leicht zu erreichen. Traumhaft gelegen, großes Spa und mit einem 18-Loch-Golfplatz. ■ SS 223, km 56, 53016 Siena, Loc. Bagnaia, Tel. 0577 81 30 00, www.la bagnaiaresort.com

Volterra 104

€€ | **Etruria** Nur wenige Schritte von der Piazza dei Priori entfernt, hübsch renoviert. Großes Frühstücksbüfett, hübscher Garten. ■ 56048 Volterra, Via Matteotti 32, Tel. 0588 873 77, www.albergoetruria.it

San Gimignano 106

€–€€ | **Leon Bianco** Am schönsten Platz der Stadt gelegener Palazzo aus dem 11. Jh. Das Hotel organisiert viele Events (Kochkurse, Ausritte, Brunello-Tour). Wer über die hoteleigene Webseite bucht, bekommt außerhalb der Hauptsaison ein Upgrade. ■ 53037 San Gimignano, Piazza della Cisterna 13, Tel. 0577 94 12 94, www.leonbianco.com

€€–€€€ | **Castelfalfi** Mittelalterliches Städtchen, komplett zu einem Resort umgewandelt. Zwei Hotels, Pools, typische Trattorien und noble Restaurants. Komplett ökologisch ausgerichtet. ■ 50050 Montaione, Loc. Castelfalfi, Tel. 0571 89 20 00, www.castelfalfi.it

Colle di Val d'Elsa 109

€–€€ | **La Vecchia Cartiera** Das Hotel liegt in einer ehemaligen Papierfabrik aus dem 13. Jh. Es gibt auch Familienzimmer. Gutes Restaurant. ■ 53034 Colle Val d'Elsa, Via Oberdan 5, Tel. 0577 92 11 07, www.lavecchiacartiera.it

Montepulciano 113

€€ | **La Terrazza** Kleines Hotel im Zentrum mit zehn Zimmern, liebevoll restauriert und mit antikem Mobiliar bestückt. Von der hübschen Dachterrasse blickt man auf den Corso. Im kleinen Garten wird im Sommer das Frühstück serviert. ■ 53045 Montepulciano, Via Piè al Sasso 16, Tel. 0578 75 74 40, www.laterrazzadimontepulciano.it

Elba, die toskanische Küste und das Hinterland

Malerische Küstenorte, beschauliches Inselleben und faszinierende Zeugnisse einer frühen Hochkultur

Ein Aufenthalt in der Toskana wird eher selten mit einem Strandurlaub assoziiert, dabei hat die Region eine beachtliche Küstenlinie von 397 km und besonders im Norden feinste Sandstrände. Viareggio und Forte dei Marmi sind allseits beliebte Badeorte, der italienische Geldadel und die TV-Prominenz aus Mailand kommen gern an die toskanischen Strände sowie auf die Insel Elba. Auch die kulinarische Vielfalt, naturgemäß mit viel Fisch und Meeresfrüchten, ist beachtlich.

Das Tyrrhenische Meer hat seinen Namen vom griechischen Wort für die Etrusker, die im Altgriechischen Tyrrhenoi hießen und hier schon lange vor den Römern eine staunenswerte Hochkultur aufgebaut haben. Nur wenige Kilometer im Hinterland lassen sich zu dieser Kultur interessante Ausgrabungen und Museen besichtigen.

In diesem Kapitel:

22 Elba 122
23 Monte Argentario 123
24 Grosseto 124
25 Castiglione d. Pescaia 126
26 Livorno 127
27 Viareggio 128
28 Forte dei Marmi 129
29 Carrara 130
Übernachten 132

ADAC Top Tipps:

Lungomare Forte dei Marmi
| Strand |
Kilometerlanger Sandstrand, klarstes Wasser, Beach Club an Beach Club mit Bars, Restaurants und Discos, dazu exzellente Fischküche – sorgloses Sommerleben »all'italiana«. 130

ADAC Empfehlungen:

Mercato di Grosseto
| Markt |
Typischer italienischer Stadtmarkt mit Lebensmitteln und allerlei Krimskrams für Sammler und Entdecker. 125

Garfagnana
| Gebirgslandschaft |
Küstennahes Wandergebiet zwischen Apuanischen Alpen und Apennin mit hübschen Ausblicken. 129

22
16
29
8

22 Elba

Drittgrößte Insel Italiens, reichhaltiges Kulturangebot und herrliche Natur

Information

■ APT, 57037 Portoferraio, Calata Italia 43, Tel. 0565 914671, www.aptelba.it

Nach Sizilien und Sardinien ist Elba mit 224 km² Fläche die drittgrößte Insel des Landes. Der Legende nach entstand sie einst aus einer Perle, die Venus aus ihrer Kette verlor. Heute gehören große Teile der Insel zum Nationalpark Toskanischer Archipel. Hauptort ist Portoferraio, wo viele Fähren aus dem rund 10 km entfernten Piombino ankommen. Bekannt ist Elba zudem für seine schönen Strände. So fällt zum Beispiel der mit 1850 m längste Sandstrand der Insel (Marina di Campo) ganz sanft zum Meer hin ab und eignet sich somit auch gut zum Badeurlaub für Familien mit Kindern.

Sehenswert

Palazzina dei Mulini

| Museum |

Der 1724 vom Großherzog Gian Gastone de' Medici in Auftrag gegebene Palast wurde auf Napoleons Wunsch um ein Stockwerk (mit Festsaal) erweitert und diente ihm als Stadtwohnung. Vom Garten konnte er bis nach Korsika sehen.

■ Piazzale Napoleone, Portoferraio, im Sommer Mi–Mo 8.30–19.30 Uhr, im Winter kürzer, 8 €, erm. 4 €

Museo archeologico della Linguella

| Museum |

Die Sammlung präsentiert Funde der Etrusker und Römer in den alten Munitionslagern der Fortezza Medicea (von den Medici angelegte Verteidigungsanlagen zum Schutz vor Piraten).

■ Calata Buccari, Portoferraio, 9.30–13.30, 17.30–24 Uhr, Nebensaison 10–13, 15.30–19.10 Uhr, Nov.–März geschl., 5 €, erm. 3 €

Golfo della Biodola

| Strand |

Schöner Strandabschnitt im Westen Portoferraios mit zahlreichen Beach Clubs, darunter der für Kinder geeignete Sandstrand La Biodola oder der luxuriöse Campo all' Aia.

Monte Capanne

| Berg |

Mit 1019 m ist er die höchste Erhebung der Insel und garantiert bei gutem Wetter einmalige Panoramablicke. Wer nicht wandern will (insgesamt sechs Wege sind ausgeschildert), kommt mit der Seilbahn von Marciana Alta aus nach oben.

Verkehrsmittel

Vier Fährgesellschaften verbinden Elba mit dem Festland. Abfahrtsort auf dem Festland ist immer Piombino, der Zielhafen auf Elba ist Portoferraio, manchmal auch Cavo und Rio Marina. Stark erhöhte Preise zur Hauptsaison, wer rechtzeitig bucht, kommt günstiger weg! In der Saison legt alle 30 Min. eine Fähre ab. Die Überfahrt dauert 1 Std.

■ www.mobylines.de, www.dicrectferries.de, www.corsica-ferries.de, www.toremar.it

Parken

Am besten lässt man das Auto im Hafen von Piombino stehen (viele Parkmöglichkeiten, gut ausgeschildert) und mietet sich ggfs. ein Auto, einen Roller oder ein E-Bike.

Blick über den Hafen von Porto Ercole auf der Halbinsel Monte Argentario

 **Restaurants**

€€–€€€ | Summertime Hier wird exzellente Slowfood-Küche aufgetischt, u. a. hauchzarter Schwertfisch, roher Thunfisch und unterschiedlich zubereiteter Tintenfisch. ■ Via Roma 56, Capoliveri, Tel. 05 65 93 51 80, im Sommer tgl., im Winter je nach Wetter Ruhetage, Reservierung empfohlen, nur am Abend geöffnet

 **Einkaufen**

Pasticceria Dulcissimo Hausgemachte Süßspeisen wie »millefoglie« (Blätterteig-Cremeschnitte) – der ideale Ort für den Morgenkaffee. ■ Via R. Manganaro 44, Portoferraio, So abend geschl.

Gefällt Ihnen das?

Toskanische Spezialitäten für Naschkatzen und Schleckermäuler offerieren neben der Pasticceria Dulcissimo in Elbas Portoferraio z.B. auch die **Antica Drogheria Manganelli** in **Siena** (S. 103) und die **Pizzicheria La Grotta** in **Lucca** (S. 151).

23 Monte Argentario

Halbinsel für Betuchte mit schönen Buchten und guten Fischrestaurants

 **Information**

■ UIT, 58019 Porto Santo Stefano, Piazzale S. Andrea 1, Tel. 05 64 81 42 08, www.comune.monteargentario.gr.it

Die rund 60 km² große Halbinsel war einst vom Meer umschlossen und wurde mithilfe von Sandablagerungen zugänglich gemacht. Felsbuchten bieten ungestörten Badegenuss, einige von ihnen sind aber nur per Boot zu erreichen. In den beiden Siedlungen Porto Ercole im Südosten und Porto Santo Stefano im Nordwesten wollten sich schon viele Völker niederlassen: kein Wunder, dass man sich mit einer gewaltigen Festungsanlage (»rocca«) schützte. Etwa zehn Seemeilen vor

Im Blickpunkt

Die Wandlung der Maremma

Früher war die sich südlich von Grosseto erstreckende Maremma eine in weiten Teilen unzugängliche Sumpflandschaft – gefürchtet wegen der dort lebenden Malariamücken. Erst zu Beginn des 19. Jh. wurde das Gebiet mithilfe von Kanälen trockengelegt. Mücken stören dort höchstens noch am Abend beim Glas Wein, denn heute ist der fast 100 km² große, im Jahr 1975 eingerichtete »Parco Naturale della Maremma« ein Paradies für Naturliebhaber. Vor allem der Vogelreichtum (mit Turmfalke, Reiher, Schleiereule, Fischadler, Eisvogel) gilt als europaweit einzigartig.
Der Park ist ganzjährig täglich geöffnet, nur bei trockenen Sommern wird er wegen Waldbrandgefahr sicherheitshalber gesperrt.
www.parks.it/parco.maremma

Monte Argentario liegt die Insel Giglio, die durch das Schiffsunglück der »Costa Concordia« im Januar 2012 traurige Berühmtheit erlangte.

Sehenswert

Sant'Erasmo
| Kirche |
In der Kirche in Porto Ercole liegt der Maler Caravaggio begraben, der Großmeister des Lichts und Schattens, der mit nur 38 Jahren in Porto Ercole starb. ■ Via San Paolo 1

Tombolo di Feniglia
| Strand |
6 km langer, gut erreichbarer Sandstrand an der Lagune von Orbetello.

Parken

Einen bewachten Parkplatz mit etwa 50 Stellplätzen gibt es am Hafen von Porto Santo Stefano. Allerdings muss man sehr früh am Morgen hier anfahren – sonst ist meist schon alles besetzt.

Restaurants

€€€ | **Il Pellicano** Im gleichnamigen Hotel. Traumlage am Meer; Sternekoch Michelino Gioia ist ein Genie. Kreativ-mediterrane Küche. ■ Porto Ercole, Loc. Sbarcatello, Tel. 0564858111, Nov.–März geschl.

Kinder

Das **L'Acquario Mediterraneo** ermöglicht einen faszinierenden Einblick in die Unterwasserwelt.
■ Porto Santo Stefano, Lungomare dei Navigatori 44/48, Fr 15–19, Sa, So 10.30–12.30 und 15–19 Uhr, 5 €, erm. 2 €

24 Grosseto

Hübsche Altstadt ohne Pomp, authentisch, mit wenig Tourismus

Information

■ www.provinciagrosseto.com

Auf den ersten Blick ist Grosseto (82 500 Einwohner) vielleicht nicht die attraktivste Stadt der Toskana, doch wer sich bis ins Zentrum vorarbeitet, wird dort von einem recht hübschen Altstadtkern überrascht. Die Medici-Machthaber ließen hier einen Befestigungsring in Form eines Hexagons anlegen, der heute begehbar und von gepflegten Grünanlagen gesäumt ist.

 Sehenswert

Duomo San Lorenzo

| Kirche |

Im Jahr 1294 war Baubeginn. Der für die Fassade gewählte weiße und rosa Marmor ergibt eine reizvolle Musterung.

■ Piazza Dante

Museo Archeologico

| Museum |

Auf zwei Stockwerken dieses Archäologischen Museums werden Funde der Etrusker und Römer gezeigt.

■ Piazza Baccarini 3, Juli–Sept. Di–Fr 10–18, Sa, So 10–13 und 17–20 Uhr, übrige Monate kürzer, 5 €, erm. 2,50 €

Mercato di Grosseto

| Markt |

15 *Buntes italienisches Markttreiben zum Zusehen und Mitmachen*

Jeden Donnerstag trifft sich hier die gesamte Maremma und kauft ein, was für das tägliche Leben nützlich ist.

■ Piazza Stefano de Maria, Do 8–13 Uhr

 Parken

Rund um die Altstadt möglich, gut ausgeschildert. Die Altstadt selbst ist für den Verkehr gesperrt.

 Restaurants

€–€€ | **Oste Scuro** Besitzer Ezio hat stets Tagesempfehlungen und schenkt gute Weine flaschenweise aus. ■ Via Malenchini 38, Tel. 0564 32 40 68, Mo, Di geschl.

€€ | **Il Canto del Gallo** Uriges Restaurant in einem Gewölbe. Aufgetischt werden leckere lokale Spezialitäten. ■ Via Mazzini 29, Tel. 0564 41 4589, So-Abend

 Einkaufen

Gelateria Arlekkino Hier gibt's exzellentes hausgemachtes Eis, außerdem himmlische Süßspeisen wie »cannoli« (Cremerollen) und luftig-leichte Torten.

■ Via Ximenes 27, tgl. 11–24 Uhr, in der Nebensaison 11–22 Uhr

Der Dom San Lorenzo in Grosseto an der Piazza Dante

Abendspaziergang am Strand von Castiglione della Pescaia

Kneipen, Bars und Clubs

Canapino Gut für ein Glas Wein im Zentrum oder auch für einen Happen von der umfangreichen Speisekarte. ■ Piazza Dante Alighieri 6, Tel. 0564 24546, Mi-Nachmittag und So geschl.

25 Castiglione della Pescaia

Einer der beliebtesten Badeorte der Toskana, hübsches Fischerstädtchen

Information

■ UIT, 58043 Castiglione della Pescaia, Piazza Garibaldi 6, Tel. 0564 933678, www.turismocastiglionedellapescaia.it

Schon die Etrusker siedelten in der Nähe, die Römer betrieben einen Hafen, dessen genaue Lage bis heute ein Geheimnis ist. Im 9. Jh. zog sich Wilhelm von Aquitanien als Eremit hierher zurück und ist heute der Stadtheilige. Die meisten Besucher kommen vorwiegend im Sommer wegen der langen Sandstrände hierher. Naturfreunde und Ornithologen hingegen zieht es in die Riserva Naturale Diaccia Botrona, eines der größten Vogelschutzgebiete des Landes. Der 1000 ha große Sumpf zwischen den Flüssen Bruna und Ombrone grenzt an den Parco Naturale di Maremma. Sehr beliebt für Birdwatching!

Sehenswert

Rocca

| Festung |

Die Verteidigungsanlage oberhalb der Stadt wurde zunächst im 12. Jh. von den Pisanern erbaut, später erweitert. Seit dem 15. Jh. herrschte hier Florenz. Von der Aussichtsterrasse unterhalb des Turms blickt man über den Ort und bis zum Monte Argentario.

Parken

Die Altstadt ist für den Verkehr gesperrt, Parkmöglichkeiten gibt es u.a. an der Via San Benedetto Po/Ecke Via Alessandro Manzoni, außerdem auf dem Großparkplatz in der Via Ponte Giorgini (Saison 0,60 €/Std.).

Restaurants

€€ | **La Perla del Mare** Direkt am Sandstrand von San Vincenzo, Terrasse mit Meerblick, erstklassige Fischgerichte. ■ San Vincenzo (ca. 15 km im Norden), Via della Meloria 9, Tel. 0565 702113, www.laperladelmare.it

€€ | **Osteria del Mare già il Vòtapentole** Bei Monica und Massimiliano

werden Meeresgaben zelebriert, etwa beim Couscous mit Meeresfrüchten.
■ Via IV Novembre 11, Tel. 0564934763, www.osteriadelmarecdp.it, Mo geschl.

In der Umgebung

Vetulonia Einst eine mächtige Etruskersiedlung, nun ein Open-Air-Museum kurz vor dem heutigen Ortseingang.
■ Von Süden kommend ausgeschildert, ca. 10 km von Castiglione, tgl. 10–19 Uhr

26 Livorno

Große Hafenstadt, ungewöhnliche Stadtviertel, viel Genusskultur

Information

■ UIT, 57123 Livorno, Via A. Pieroni 18, Tel. 0586894236, www.comune.livorno.it

Der Ortsname von Livorno – heute eine der größten Hafenstädte Italiens mit knapp 160 000 Einwohnern – leitet sich vielleicht von dem römischen Galeerentypus »Luburne« ab. Auch wenn später die Medici Festungen, Hafenbecken und Straßenzüge anlegten – so recht wollte hier keiner wohnen, denn die Malaria wütete. Erst als die Stadt 1675 zum Freihafen erklärt wurde, erlebte sie eine Blütezeit, die noch durch ein Toleranzedikt befeuert wurde, das Livorno kosmopolitisch öffnete. Der Handel mit Nordafrika machte Livorno reich, heute konzentriert man sich auf Schiffsbau und Tourismus. Von der Fortezza Vecchia (ganzjährig, Eintritt frei) am Porto Mediceo, wo im Sommer auch Konzerte stattfinden, bietet sich ein schöner Blick auf die Stadt.

ADAC Wussten Sie schon?

Livornos berühmtestes kulinarisches Produkt ist die »cacciucco« (sprich: »ka-tschu-ko«), die typische **Fischsuppe**. Weil das Wort fünf »c« enthält, enthält die Suppe auch fünf Sorten Meeresgetier, darunter fast immer Miesmuscheln, Tintenfische und Heuschreckenkrebse. All das wird in einem kräftigen Tomaten-Fischfond gekocht und auf geröstetem Weißbrot serviert.

Sehenswert

Viale Italia

| Promenade |

Kilometerlange Strandpromenade mit prächtigen Villen im Liberty-Stil. Ursprünglich der Verbindungsweg zwischen den Befestigungsanlagen, begann schon im frühen 19. Jh. der Ausbau zur Flaniermeile. Sie diente vielen Künstlern als Inspirationsort, darunter dem Maler Giovanni Fattori, einem Vertreter der Künstlergruppe »Macchiaioli«.

Duomo San Francesco di Assisi

| Kirche |

Im Zweiten Weltkrieg nach Bombenangriffen beschädigt, wurde der aus dem 16. Jh. stammende und im 18. Jh. erweitere Dom in den 1950er-Jahren wieder aufgebaut.
■ Piazza Grande

Venezia Nuova

| Stadtviertel |

Im 17. Jh. wurden die Bauten dieses Viertels nach venezianischem Vorbild auf Holzpfählen errichtet. Medici-Herrscher Cosimo I. ließ sogar einen Kanal direkt bis nach Pisa bauen, der noch heute schiffbar ist.

Parken

In den zentrumsnahen Parkhäusern Odeon (1 €/Std., 8 € pro Tag) und Moderno (1,50 €/Std., 25 € für 24 Std.).

Restaurants

€€ | **Cantina Nardi** Toskanische und italienische Weine sowie unbekannte Preziosen; die Speisekarte ist zwar klein, aber die Gerichte konsequent aus frischen Zutaten. ■ Via Cambini 6, Tel. 05 86 80 80 06, So geschl.

Einkaufen

Mercato Centrale Ein Schlemmerparadies in einer klassizistischen Halle aus dem Jahr 1894. Natürlich gibt es auch reichlich fangfrischen Fisch und Meeresfrüchte. ■ Via del Cardinale und Via Buontalenti, Mo–Sa 7.30–14 Uhr

27 Viareggio

Mondänes Seebad mit langer Geschichte und viel Tradition

Information

■ APT, Via Carducci 10, Tel. 05 84 96 22 33, www.aptversilia.it

Bis vor 200 Jahren ging es hier noch ziemlich lebensfeindlich zu: Im Sumpfgebiet wütete die Malaria, nur ein paar Fischer, Geistliche und Soldaten eines Kastells harrten aus. Im 15. Jh. bot Lucca das Gebiet als kostenloses Bauland an, doch ließ sich kein Interessent finden. Im 18. Jh. begann dann die Trockenlegung, ab 1822 verbrachte Napoleons Schwester Paolina dort ihren Lebensabend. Nach und nach bauten weitere Adelsfamilien ihre Villen dort; Ende des 19. Jh. war Viareggio ein berühmter Badeort, an den Stränden noch streng nach Geschlechtern getrennt. Heute verbringen hier vor allem die Italiener selbst ihren Sommerurlaub rund um die Strandpromenade. Einen Besuch lohnen die vielen eleganten Strandbäder, die zumeist im Liberty-Stil errichtet wurden. Dazu gehören etwa das Bagno Felice, die Bagni Beruccelli und Matinelle, das Gran Caffè Margherita und das Bagno Balena.

Sehenswert

Torre Matilde

| Festung |

Im Jahr 1543 errichtet, sollte der Festungsturm den Seezugang von Lucca schützen. Inzwischen ist er das Wahrzeichen der 62 000-Einwohner-Stadt, die sich nicht nur auf Sommertourismus reduziert sehen will. Das Innere des Turms wird heute für Ausstellungen genutzt. ■ Piazza Mercato Vecchio

Villa Paolina

| Museum |

Gleich drei Museen haben sich in der einstigen Villa von Napoleons Lieblingsschwester etabliert: ein archäologisches Museum, ein Museum für moderne Kunst und eine Ausstellung von Musikinstrumenten. Dazu kommen interessante Sonderausstellungen.

■ Via Machiavelli 2, Juni–Aug. Di–Sa 18–23, Sept.–Mai Di–Sa 15.30–19.30, So 9.30–13.30, 15.30–19.30 Uhr, 3 €, erm. 2 €

Parken

In der Nebensaison kein Problem, im Hochsommer ohne Hotelzimmer reine Glückssache – am ehesten findet man etwas in Richtung Hafen.

Oberhalb von San Romano thront in der Garfagnana die Fortezza delle Verrucole

Restaurants

€€€ | Da Miro alla Lanterna In diesem Traditionslokal gibt es als Spezialität des Hauses Spaghetti »alla trabaccolara« – mit Meeresfrüchte-Ragout. ■ Via Coppino 289, Tel. 05 84 38 40 65, Mo und Di-Mittag geschl., Juli, Aug. Mo–Do nur am Abend geöffnet

In der Umgebung

16 **Garfagnana** Hübsches, hügeliges Wandergebiet nicht weit von der Küste. Tipps und Wege (auch auf Deutsch) findet man z.B. hier: www.turismo.garfagnana.eu

Lago di Massaciuccoli Mit 7 km^2 der größte See der Toskana und besonders beliebt bei Birdwatchern (www.lipu.it/oasi-naturale-di-massaciuccoli). Die Touren gehen ab von Torre del Lago, wo die Villa Puccini liegt, in der einst der Komponist gelebt hat.

Massa Hübsche Altstadt mit der von Orangenbäumen gesäumten Piazza degli Aranci. An deren Südseite steht der Palazzo Cybo-Malaspina, der einstige Familiensitz der mächtigen Familie Malaspina, die in der Region bis ins 19. Jh. regierte. Heute ist dort die Kunsthochschule beheimatet, in der junge Maler und – wegen des nahen Carrara – vor allem Bildhauer ausgebildet werden. Im Ortsteil Marina di Massa locken Badestrände und viele Campingplätze Besucher an.

28 Forte dei Marmi

Beliebte italienische Sommerfrische, traumhafte Sandstrände, viele Partys

Information

■ Comune di Forte dei Marmi, Piazza Dante 1, Tel. 05 84 28 02 92, www.comune.fortedeimarmi.lu.it

Kilometerlanger Sandstrand, sauberes Meer, gepflegte Beach Clubs: Im Sommer ist Forte dei Marmi ein Fest fürs Leben. Hier lässt es sich bei Hitze, die im toskanischen Hinterland heftig werden kann,

ADAC Mobil

Forte dei Marmi ist flach und vor allem an der Uferpromenade mit kilometerlangen **Radwegen** versehen. Da macht das Radfahren so richtig Spaß – und Fahrradverleihe gibt's fast an jeder Ecke.

am besten aushalten. Das Sportangebot ist enorm, die Qualität der Restaurants hoch. Die Agnellis (FIAT) verbrachten hier ihre Sommerferien. Literaten wie Aldous Huxley oder Thomas Mann ließen sich in Forte dei Marmi inspirieren; heute lebt der Tenor Andrea Bocelli hier, und im August strömt die Hautevolee Mailands und Turins herbei. Einst wurde der Hafen des Ortes zur Verschiffung des Marmors aus dem nahen Carrara benutzt. Heute gibt es in den verkehrsberuhigten Gassen der Stadt mit ihren rund 7500 Einwohnern allerlei Nobelboutiquen.

Sehenswert

Lungomare Forte dei Marmi

| Strand |

Kilometerlanger Traumstrand mit Beach Clubs

Sorgloses Sommerleben auf italienische Art: Beach Club reiht sich an Beach Club am schier endlosen Strand, mit Bars, Restaurants, Discos. Serviert wird meist exzellente Fischküche.

Il Fortino

| Festung |

Die Verteidigungsanlage wurde gebaut, um den lukrativen Marmorhandel zu schützen. Heute beherbergt sie u.a. ein Karikaturenmuseum.

■ Piazza Garibaldi 1, Museum: www.museosatira.it, Eintritt frei

Parken

Überall problemlos möglich; auch die Beach Clubs haben eigene Parkplätze.

Restaurants

€€ | **Osteria del Mare** Köstlicher roher Fisch, bemerkenswerte Gnocchi mit Scampi, Wolfsbarsch in der Salzkruste. ■ Via Achille Franceschi 4, Tel. 058 48 36 61, außerhalb der Saison Mo, Di geschl.

Einkaufen

Mercato di Forte dei Marmi Kleidung, Keramik, Schmuck, Kitsch: Einer der größten Märkte Italiens findet jeden Mittwoch (auch im Winter) statt. Von April bis Oktober gibt es auch am Sonntag an gleicher Stelle einen kleineren Markt. ■ Piazza Marconi, Mi 8.30–14 Uhr

29 Carrara

Marmor-Stadt mit sehenswertem Dom und Brunnenkunst

Information

■ APT, Viale XX Settembre/Via Piave, Tel. 05 85 84 41 36, www.aptmassacarrara.it

Schon die Römer bauten hier Marmor ab – einen ersten Boom erlebte die Stadt mit dem Bau der toskanischen

ADAC Wussten Sie schon?

Die Toskana ist der größte **Marmorproduzent** der Welt – 500 000 t pro Jahr werden hier abgebaut. Allein in Carrara gibt es rund 150 Steinbruch-Betriebe.

Kirchen und Paläste ab dem 12. Jh. Die Familien, denen die Steinbrüche gehören, waren geachtet wie Hochadlige – und im wahrsten Sinne des Wortes steinreich. Noch heute werden Steinmetze in dreijähriger Lehre ausgebildet. Eine kulinarische Spezialität aus Carrara ist der bis zu einem halben Jahr in Marmortrögen reifende Speck Lardo di Colonnata.

Sehenswert

Duomo di Sant' Andrea

| Kirche |

Über vier Jahrhunderte wurde an dem Dom gebaut; besonders gelungen ist die romanisch-gotische Fassade mit der filigranen Rosette.

■ Piazza Duomo

Fontana del Gigante

| Brunnen |

Der Brunnen verewigt – etwas kitschig auf zwei wasserspeienden Fischen stehend – den berühmten Genueser Admiral Andrea Doria, der nacheinander die Franzosen, Osmanen und auch nordafrikanische Piraten besiegte.

■ Domplatz

Museo Civico del Marmo

| Museum |

Faszinierendes kleines Museum, in dem man viel Wissenswertes über die Geschichte der Marmorgewinnung erfährt.

■ Viale XX Settembre, Di–So 9–13 und 15.30–18 Uhr, 5 €, erm. 3 €

Cava 177

| Steinbruch |

Kleiner, als Familienbetrieb geführter Steinbruch, in dem anschaulich erklärt wird, wie der Mensch den Marmor gewinnt. Nicht weit davon gibt es bei MarmoTour (www.marmotour.com) geführte Touren hinein in die ausgehöhlten Berge (15 €). Achtung: Dort ist es extrem frisch – warme Kleidung mitnehmen!

■ Richtung Colonnata, www.cava177.com, tgl. 11.30–18 Uhr, 6 €, erm. 4 €

Schon seit der Antike werden die Marmorbrüche bei Carrara genutzt

Parken

Kostenlose ausgeschilderte Parkplätze findet man an der Chiesa San Francesco und San Martino. Von dort fahren alle 15 Min. Busse (gratis) ins Zentrum. Zu Fuß sind es etwa 15 Min.

Restaurants

€€ | Ristorante Venanzio Hier lässt sich der köstliche Colonnata-Speck probieren, andere Deftigkeiten stehen ebenfalls auf der Karte. ■ Piazza Palestro 3, Tel. 0585758033, Do und So abend geschl.

Übernachten

Hier ist die Auswahl an Unterkünften in jeder Preisklasse enorm. Allein auf Elba gibt es rund 200 Hotels und 30 Campingplätze. Dennoch kann es auch in dieser Region sein, dass an manchen Tagen nichts mehr frei ist: Vor allem im August, wenn ganz Italien am Strand liegt, sind die Hotels komplett belegt, und nur mit viel Glück bekommt man noch ein (meist überteuertes) Zimmer.

ADAC Spartipp

Nirgends kann besser gespart werden als beim Strandurlaub – wenn man **zeitlich flexibel** ist. Mitte Juli bis Mitte August ziehen die Preise drastisch an, doch davor und danach gibt es Hotelzimmer und Liegeplätze oft zum halben Preis – bei gleich gutem Wetter und weniger Trubel.

Elba 122

€ | **Residence Bounty** Preiswertes und sympathisches Hotel östlich von Portoferraio, 150 m vom Meer entfernt. Geräumige Zimmer. ■ 57039 Rio nell'Elba, Strada della Falconaia 153, Loc. Bagnaia, Tel. 34 88 46 82 30, www.residencebounty.com

€€ | **L'Ape Elbana** Eines der ältesten Hotels der Insel, hübsch mit Efeu umrankt. Im hoteleigenen Restaurant sitzt es sich romantisch. Der Strand ist ca. 200 m entfernt. ■ 57037 Portoferraio, Salita Cosimo de' Medici, Tel. 05 65 91 42 45, www.ape-elbana.it

€€ | **Paradiso** Hübsches, sauberes Hotel samt Pool mit Meerblick, dazu eigener Strandzugang. ■ 57037 Portoferraio, Via Viticcio 41, Tel. 05 65 93 34, www.hotelparadisoelba.it

Grosseto 124

€€ | **Hotel Maremma** Zentral in der Fußgängerzone der Altstadt gelegen; Hotelgäste dürfen mit dem Auto vorfahren. In einigen der nahen Restaurants bekommen Gäste eine Ermäßigung. ■ 58100 Grosseto, Via Fulceri Paolucci de Calboli 11, Tel. 056 42 22 93, www.hotelmaremma.it

€€€ | **Bastiani Grand Hotel** Traditionshaus mit 100-jähriger Geschichte, ruhige Lage in der Altstadt, 100 m vom Duomo San Lorenzo entfernt. ■ 58100 Grosseto, Piazza Gioberti 64, Tel. 056 42 00 47, www.hotelbastiani.com

Livorno 127

€€ | **Al Teatro** Stilvolles, kleines Haus mit verwunschenem Garten – jedes der acht Zimmer ist einem Komponisten gewidmet. Mitten in der Stadt gelegen, nur rund 150 m vom Dom. ■ 57125 Livorno, Via Mayer 42/57, Tel. 05 86 89 87 05, www.hotelalteatro.it

€€ | **Gennarino** Elegantes Hotel in einer sehr eigenen Interpretation des Liberty-Stils (mit allerlei Türmchen und Zinnen), im Süden der Altstadt gleich bei der Marineakademie, freundlich-farbenfroh eingerichtet. ■ 57128 Livorno, Viale Italia 301, Tel. 05 68 80 31 09, www.hotelgennarino.it

Viareggio 128

€€ | Mercure Viareggio Modernes, blitzsauberes Hotel mit guter Ausstattung, eigenem Restaurant, kostenlosen Parkplätzen und vielen Annehmlichkeiten wie einem kleinen Pool und Garten. Nur etwa 200 m vom Strand entfernt gelegen. ■ 55049 Viareggio, Viale Luigi Einaudi 11, Tel. 0584185 66 00, www.uappalaviareggio.com

€€€ | Plaza e de Russie Eines der letzten noch existierenden alten Luxushotels von Viareggio, das sich seinen Charme bewahrt hat. Seit dem Jahr 1871 empfängt man hier schon Urlauber, die damals allerdings noch »Sommerfrischler« genannt wurden. Das exzellente Restaurant Lunasia auf der Dachterrasse bietet nicht nur Traumblicke, sondern ist auch eine (mit einem der begehrten Michelin-Sterne ausgezeichnete) Adresse für Feinschmecker. ■ 55049 Viareggio, Piazza d'Azeglio 1, Tel. 058444449, www.plazaederussie.com

Forte dei Marmi 129

€ | Astor Victoria Gut gelegen, um Stadt und Strand (100 m entfernt) zu genießen. Sat-TV, Klimaanlage, Garten mit Spielmöglichkeiten. Auch Familienzimmer. ■ 55042 Forte dei Marmi, Via Caio Duilio 6, Tel. 05847874 41, www.hotelastorvictoria.it

€€ | Logos Hotel Weitläufige Räume, viel Kunst im Erdgeschoss, Skulpturen im Garten, romantischer Pool, hohe Bäume – hier sind Urlauber richtig, die nach dem Strandtrubel auf Stille und Inspiration Wert legen. ■ 55042 Forte dei Marmi, Viale Giuseppe Mazzini 153, Tel. 05 84 88 06 78, www.logoshotel.it

€€€ | Hotel Byron Hier lohnt der Aufenthalt im luxuriösen Hotel ebenso wie das hoteleigene Restaurant La Magnolia, in dem sich der junge Chefkoch Andrea Mattei sein eigenes kulinarisches Reich geschaffen hat. ■ 55042 Forte dei Marmi, Viale Morin 46, Tel. 0584787052, www.hotelbyron.net

ADAC Das besondere Hotel

Hotel mit eigenem Weingut, Golf-Driving-Range, Spa und Fitnessraum, rund 5 km vom Badeort Castiglione della Pescaia entfernt. Auf dem 30 ha großen Gut Tenuta La Badiola (komplette Produktion von der Lese bis zur Abfüllung vor Ort) wachsen Merlot, Shiraz, Cabernet Sauvignon und Vermentino. Neben der **Casa Badiola** gibt es dort auch noch das Luxushotel L'Andana mit einem Sternerestaurant, der Trattoria Enrico Bartolini.

€€€ | Casa Badiola, 58043 Castiglione della Pescaia, Loc. Badiola, Tel. 0564 94 48 00, www.andana.it

Pisa und Lucca – Weltkulturerbe, Kurorte, Wanderwelten

Der Schiefe Turm von Pisa, die entzückende Altstadt von Lucca und traditionsreiche Kurorte am Fuß des gut zu erwandernden Apennin

Der Arno schneidet Pisa in zwei annähernd gleich große Stadtteile – so wie in Florenz. Die wichtigsten Sehenswürdigkeiten befinden sich nördlich des Flusses, während im Süden viel urbanes und studentisches Leben den Tagesablauf bestimmt. Lucca ist noch etwas weniger touristisch erschlossen, mit seinem prächtigen Dom San Martino, den schönen Stadttürmen und großartigen Museen aber genauso sehenswert. Zudem wird die gesamte Altstadt von einem historischen Festungswall umgeben, auf dem es sich angenehm flanieren lässt.

In der Nähe dieser beiden Städte trifft man dann auch auf kleine Kurorte mit viel Tradition, in denen schon Größen wie Montaigne und Heine ihre Zipperlein behandeln ließen und von denen aus geradezu alpin anmutende Wanderwege durch die Bergwelt führen.

In diesem Kapitel:

30 **Pisa**  136
31 **San Giuliano Terme** 144
32 **Lucca**  146
33 **Bagni di Lucca** 151
34 **Cascina** 153
35 **Pontedera** 154
Übernachten 155

ADAC Top Tipps:

9 **Schiefer Turm, Pisa**
| Turm |

Noch während der Bauzeit, zwölf Jahre nach der Grundsteinlegung am 9. August 1173, begann die Schräglage. Verzweifelt mauerte man dagegen an. Inzwischen ist der weltberühmte Turm nach langer Restaurierung abgestützt und wieder begehbar. Seine wahre Faszination aber zeigt sich ohnehin schon von unten. 137

10 **Dom und Baptisterium, Pisa**
| Sakralbauten |

Ein auf der ganzen Welt einmaliges Ensemble, das wegen seiner exponierten Lage mitten auf einer grünen Wiese fernab des historischen Stadtkerns noch umso mächtiger wirkt: Mit gutem Grund steht das Ensemble auf einem Platz, der »Piazza dei Miracoli« heißt, Platz der Wunder. Das muss jeder Reisende mit eigenen Augen gesehen haben. 138

ADAC Empfehlungen:

Camposanto Monumentale, Pisa

| Friedhof |

Wertvollste Fresken beeindrucken auf diesem hinter dem Baptisterium in Form eines Kreuzgangs mit monumentalen Arkadengängen angelegten Friedhof. 138

Tuttomondo, Pisa

| Graffito |

Keith Haring, der geniale und viel zu früh verstorbene Pop-Art-Künstler, bezeichnete dieses (eine ganze Hauswand einnehmende) Graffito als sein wichtigstes Werk. Sein größtes ist es auf jeden Fall. 141

Palazzo Gambacorti, Pisa

| Palast |

Berühmtes Bauwerk am Lungarno Gambacorti mit schöner Fassade und Arnoblick, an dem sich heute die Angestellten der Stadtverwaltung von Pisa erfreuen. 143

Palazzo Bernardini, Lucca

| Palast |

Verwunschener Palazzo an der Piazza Bernardini, bei dessem Bau ab dem Jahr 1512, so erzählt man sich, der Teufel höchstpersönlich seine nach Pech und Schwefel riechende Hand im Spiel gehabt haben soll. 148

Torre Guinigi, Lucca

| Turm |

Der markante Turm, auf dessen Dach Steineichen thronen, ist einer der letzten noch erhaltenen Türme aus dem mittelalterlichen Lucca und bietet großartige Ausblicke bis weit über die Dächer der Stadt hinweg. 149

Stadtwall, Lucca

| Befestigung |

Rund um die Altstadt von Lucca zieht sich ein gewaltiger Festungswall, der im 19. Jh. begrünt wurde und sich seitdem für »erhabene« Spaziergänger – sowie für Radfahrer – anbietet. 149

30 Pisa

»Platz der Wunder«, Kunst und Kultur, studentisches Flair

An Pisas Arnopromenade (»Lungarno«) steht auch die Kirche Santa Maria della Spina

Information

- UIT, 56125 Pisa, Piazza Vittorio Emanuele II 16; Infopoint auf der Piazza dei Miracoli vor der Kathedrale, www.turismo.pisa.it
- Parken: siehe S. 143

Im Mittelalter war Pisa (heute eine Stadt mit 91000 Einwohnern) eine bedeutende Seerepublik, die ihre Vormachtstellung im westlichen Mittelmeer erst in der Schlacht bei Meloria, der größten Seeschlacht des Mittelalters, verlor. Von Pisas einstiger Macht und Pracht zeugt bis heute die Piazza dei Miracoli, die offiziell Piazza del Duomo heißt. Vieles macht diesen »Platz der Wunder« außergewöhnlich: zunächst einmal, dass er auf einer grünen Wiese ein gutes Stück außerhalb des Zentrums errichtet wurde; vor allem aber versammelt er ein Ensemble weltberühmter Bauten, dessen marmorweiß schimmernder Glanz sich hier auf eine ungewöhnlich intensive Weise entfalten kann. Da auf diesem Platz das ganze Jahr über ziemlicher Trubel herrscht, stellen Sie sich besser auf Wartezeiten ein. Wer dem Zirkus aus Selfie-Knipsern, fliegenden Händlern und aufgekratzten Reisegruppen rund um die Piazza dei Miracoli entkommen will, kann sich auch im Süden des Arno einen guten Eindruck vom Alltags-

Plan S. 142

leben in dieser hübschen, studentisch geprägten Stadt machen.

Sehenswert

Schiefer Turm

| Turm |

Das bekannteste geneigte Gebäude der Welt

Ursprünglich gedacht war der »Torre pendente«, der im Gegensatz zu den meist quadratischen Kirchentürmen Italiens einen runden Grundriss hat, als frei stehender Glockenturm des benachbarten Doms. Aber schon bald begann sich der mehr als 14 000 t schwere, aus weißem Carrara-Marmor errichtete, 55 m hohe und im Durchmesser 12 m messende Turm zu neigen. Die Baumeister versuchten diese missliche Lage dadurch auszugleichen, indem sie die oberen Stockwerke in einem geringeren Neigungswinkel verbauten. Doch es nützte nichts: Millimeter um Millimeter kippte der Turm weiter ab. Schuld daran war der lehmige Untergrund aus Sand und Morast, der sich unter dem Gewicht verformte. 1990 wurde die Lage so bedrohlich, dass man das ganze Bauwerk für Besucher sperren musste. Erst nach umfangreichen Restaurierungsarbeiten, bei denen das Fundament stabilisiert und der sieben Glocken tragende Turm um etwa 44 cm wieder aufgerichtet werden konnte, kann man ihn nun wieder besteigen. Wer ihn in seiner ganzen Neigung fotografieren will, sollte ihn von der Via Cardinale Maffi aus knipsen; die typische, schon von Millionen von Touristen

ADAC Wussten Sie schon?

Nicht der Schiefe Turm von Pisa ist der **schiefste Turm der Welt**, sondern der 1450 errichtete Kirchturm von Suurhusen in Ostfriesland: Dieser kommt auf 5,2 Grad, Pisas Campanile »nur« auf knapp 4 Grad. Noch mehr Neigung (18 Grad) hat nur der Wolkenkratzer Capital Gate in Abu Dhabi, der aber schon vom Architekten so geplant wurde, was ihm einen Eintrag ins »Guinness-Buch der Rekorde« als am stärksten absichtlich geneigter Turm der Erde einbrachte.

Das Mosaik im Chor des Pisaner Doms zeigt Christus als Pantokrator

praktizierte »Abstützpose« gelingt am besten von der Biglietteria aus.

■ Piazza del Duomo, Tickets für alle Attraktionen gibt es in der zentralen Biglietteria an der Südseite oder online unter www.opapisa.it, 27 € (nur Turm/Dom 20 €)

Dom und Baptisterium

| Sakralbauten |

Berührendes Ensemble in exponierter Lage fern der Innenstadt

Pisas Duomo Santa Maria Assunta wurde bereits im Jahr 1118, noch vor seiner Fertigstellung, von Papst Gelasius II. geweiht und war in der vom ersten Baumeister Buscheto di Giovanni Giudice gewählten kreuzförmigen Anlage als fünfschiffige Säulenbasilika mit dreischiffigem Querhaus und Apsiden an allen Kreuzarmen sowie freskierter Vierungskuppel bis dahin noch ohne jedes Vorbild in Italien. Die erst gegen Ende des 12. Jh. geschaffene Fassade gilt als Inbegriff der toskanischen Romanik, das bedeutendste Kunstwerk im Inneren ist die in den Jahren 1302 bis 1311 entstandene, reich mit Reliefs und Statuen geschmückte Kanzel von Giovanni Pisano. Das an byzantinischen Vorbildern orientierte, riesige Mosaik in der Apsis zeigt Christus als Weltenherrscher, flankiert von Maria und Johannes, und ist ein 1302 vollendetes Gemeinschaftswerk von Francesco di Simone und Cimabue. Auf keinen Fall versäumen sollte man auch den Besuch des gegenüber dem Dom gelegenen, frei stehenden Baptisteriums: die mit 54 m Höhe und einem Umfang von 107 m größte Taufkirche der Christenheit. Von den oberen Etagen aus genießen Sie Traumblicke auf den Platz!

■ Piazza del Duomo, April–Aug. Mo–Sa 8–20, sonst kürzer, So ab 13 Uhr, 3 €

Camposanto Monumentale

| Friedhof |

»Antiken-Museum« und beeindruckende Fresken

Der monumentale, in Form eines großen, lang gestreckten Kreuzgangs angelegte Friedhof ist ein 1278 von Giovanni di Simone begonnenes Werk, für das der Überlieferung nach auch Erde aus dem Heiligen Land verwendet wurde. Dieses soll der Erzbischof Ubaldo de' Lanfranchi 1203 von einer Reise mit den Kreuzfahrern aus Jerusalem mit nach Pisa gebracht haben, um die Adligen der Stadt in heiligem Boden bestatten zu können. Da sich die Adligen gern in antiken Sarkophagen bestatten ließen, war der Friedhof immer

Jedes Stockwerk des Schiefen Turms von Pisa umgibt eine aus 30 Säulen bestehende Säulengalerie

auch ein »Antiken-Museum«. Im 14. und 15. Jh. malten bedeutende Künstler wie Taddeo Gaddi die Wände des Friedhofs mit Fresken aus. Die meisten davon wurden im Zweiten Weltkrieg zerstört, einen Eindruck von ihrem einstigen Aussehen erhält man aber im südlich der Piazza gelgenenen Museo delle Sinopie, in dem ihre Vorzeichnungen (»Sinopien«) aus dunkler ockerfarbener oder rötlicher Erde gezeigt werden.

■ Piazza del Duomo 17 (Camposanto, Museo Piazzo del Duomo 23), April–Aug. 8–22 Uhr, sonst kürzer, 7 €

4 Museo dell'Opera del Duomo

| Museum |

In den Räumen eines ehemaligen Kapuzinerklosters am Südosten des Domplatzes präsentiert das Museum u.a. originale Bauplastik von Dom und Baptisterium, Skulpturen von Giovanni Pisano, den Domschatz sowie wertvolle Chor- und Messgewänder.

■ Piazza del Duomo 23, Öffnungszeiten wie Dom, 7 €

5 Orto Botanico

| Botanischer Garten |

Weiter südlich in Richtung Arno liegt der botanische Garten. Er war der erste seiner Art, der in eine universitäre Struktur eingebunden wurde. Mit finanzieller Unterstützung durch Cosimo I. de' Medici gegründet hat ihn in den Jahren 1543/1544 der Arzt und Botaniker Luca Ghini; 1591 wurde er an seinen heutigen Platz in die Nähe der Piazza dei Miracoli verlegt sowie dort von Giuseppe Casabona, dem großherzoglichen Gärtner, gestaltet und betreut.

■ Via Luca Ghini 13, April–Aug. tgl. 8.30–20, sonst 9–17 Uhr, 4 €, erm. 2 €

Pisas botanischer Garten ist eine grüne Oase zum Staunen und Wohlfühlen

6 Palazzo dell'Orologio

| Palast |

Der von Giorgio Vasari ursprünglich für den St.-Stephans-Orden entworfene Uhrenpalast verbindet zwei frühere Gebäude – das ehemalige Staatsgefängnis und den Hungerturm – miteinander, ohne die Straße dazwischen zu versperren. In dem ehemaligen Hungerturm starb auf Betreiben seines politischen Konkurrenten, des Erzbischofs Ruggieri, einer der Flottenführer der verlorenen Seeschlacht bei Meloria, Graf Ugolino della Gherardesca, mit seinen Kindern und Kindeskindern einen qualvollen Tod. Dantes Schilderung dieses grausamen Ereignisses im »Inferno« seiner »Göttlichen Komödie« gehörte für Goethe mit zum »Höchsten, was die Dichtkunst hervorgebracht hat«.

■ Piazza dei Cavalieri 4

ADAC Wussten Sie schon?

In Pisa regierten in den Jahren 1409 bis 1415 zwei **»Gegenpäpste«**: Alexander V. und Johannes XXIII. Sie wurden aber nur in Frankreich und England anerkannt. Johannes XXIII. alias Baldassare Cossa war vor seinen geistlichen Weihen vermutlich ein Freibeuter.

Tuttomondo

| Graffito |

Riesiges Mural des weltberühmten Graffitikünstlers Keith Haring

Das Wandbild von Keith Haring prangt an der Südseite eines mehrstöckigen Konventsgebäudes der Kirche Sant' Antonio Abate. Es misst 180 m² und ist das letzte öffentliche Projekt des nur wenige Monate nach der Fertigstellung an Aids verstorbenen Graffitikünstlers, der seine Laufbahn mit »Subway Drawings« (Kreidezeichnungen auf Werbetafeln in New Yorker U-Bahnstationen) begann und mit seinen genial-schlichten, einprägsamen Strichmännchen weltberühmt wurde. »Pisa ist unglaublich«, meinte Keith Haring nach der Vollendung. Für die 18 m hohe und 10 m breite Wandarbeit brauchte er lediglich vier Tage. Sie zeigt 30 wie in einem riesengroßen Puzzle zusammengesetzte Figuren, die verschiedene Aspekte des selbst gesetzten Bildthemas – Harmonie und Frieden in der Welt – symbolisieren.

■ Via Riccardo Zandonai

Chiesa di San Paolo a Ripa d'Arno

| Kirche |

Mit dem Bau der Kirche am gleichnamigen Platz fast direkt am Flussufer wurde bereits im Jahr 925 begonnen, die Fertigstellung erfolgte allerdings erst im 13. Jh. im romanischen Stil. Bei den Pisanern heißt die Kirche »Duomo Vecchio«, alter Dom – schließlich gibt es ihn schon länger als den Prachtbau am Nordufer auf der Piazza dei Miracoli. Die Kirche wurde im Zweiten Weltkrieg von Bombenabwürfen beschädigt und zwischen den Jahren 1949 und 1952 restauriert.

■ Piazza San Paolo a Ripa d'Arno

9 Santa Maria della Spina

| Kirche |

Ebenfalls direkt am Arnoufer wurde im 14. Jh. diese Kirche errichtet, um einen Dorn (»spina«) aus der Dornenkrone Christi aufzubewahren. Vom Hochwasser gefährdet, wurde sie 1871 abgetragen und wenige Meter höher wieder aufgebaut; die Reliquie befindet sich heute in der Kapelle des Hospitals der Kirche Santa Chiara an der Via Roma.

■ Lungarno Gambacorti

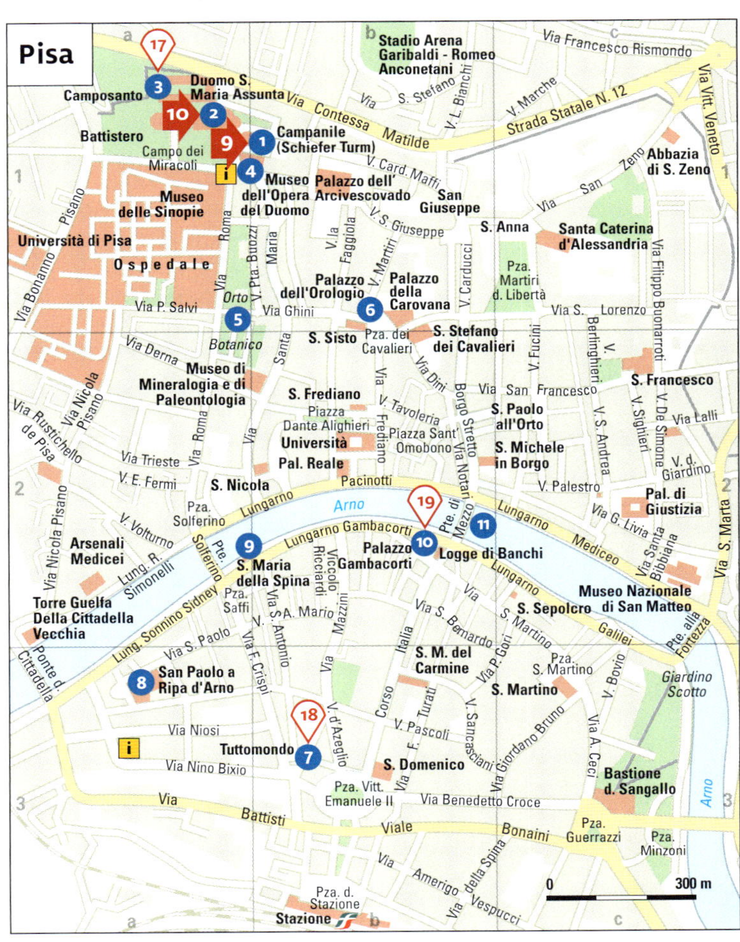

Palazzo Gambacorti

| Palast |

Rathaus der Stadt in einem Palast des 14. Jh.

Einst residierte im heutigen Rathaus die reiche Kaufmannsfamilie Gambacorti, Fresken im Inneren illustrieren die Geschichte der Seerepublik.

■ Piazza XX Settembre

11 Ponte di Mezzo

| Brücke |

Die elegant geschwungene, 90 m lange Brücke Ponte di Mezzo ist die wichtigste Verbindung der beiden Stadtteile von Pisa. Einst war sie mit Läden überbaut. Im Zweiten Weltkrieg zerstört, wurde sie im Jahr 1960 (nicht nach originalem Vorbild) wieder aufgebaut.

■ Zwischen Piazza Garibaldi und Piazza XX Settembre

Im Blickpunkt

Das Brückenspiel

Auf und bei der Brücke Ponte di Mezzo findet jeden letzten Samstag im Juni das Stadtfest »Gioco del Ponte« statt, ein Trachtenfest mit Feuerwerk. Ursprünglich handelte es sich bei diesem »Fest« um nichts anderes als eine blutige Schlägerei zwischen den Bewohnern der Stadtteile links und rechts des Arno. »Für ein Spiel zu viel, für einen Krieg zu wenig«, befand in einem berühmt gewordenen Bonmot Königin Maria Luisa von Etrurien und beendete 1807 das blutige Spektakel, das im 20. Jh. in friedlicher Form neu belebt wurde.

Parken

Kostenloses Park & Ride-System vom Parkplatz in der Via Pietrasantina (Plan S. 142 nördl. a1); näher am Zentrum gibt es kostenpflichtige Parkplätze u. a. in der Via Cesare Battisti (Plan S. 142 a3) und an der Piazza Francesco Carrara (Plan S. 142 b2).

Parade mit historischen Kostümen beim Stadtfest »Gioco del Ponte« in Pisa

Restaurants

€€ | Trattoria Da Cucciolo In der etwas versteckt gelegenen Trattoria gibt es reichhaltige, typisch toskanische Gerichte in ganz untouristischer Atmosphäre. ■ Via Rosselmini 9, Mo–Sa 12–15, 19–22 Uhr, Plan S. 142 b2

Cafés

Pasticceria Salza Hier geht es zwanglos zu. Es gibt guten Kaffee und selbst gemachte Süßspeisen, die auch an den Tischen draußen vor dem Café verspeist werden können. ■ Borgo Stretto 44–46, Mo geschl., Plan S. 142 b2

Kneipen, Bars und Clubs

Orzo Bruno Die Betreiber dieser Kneipe brauen ihr eigenes Bier. (Ein »orso bruno« ist ein Braunbär, »orzo« bedeutet Gerste, und wie die Kneipe heißt auch das hauseigene Bier.) Besonders Studenten lieben diesen Ort, in dem immer viel los ist – auch als Tourist ist man schnell mittendrin im regen Treiben. ■ Via delle Case Dipinte 6/8, tgl. 19–2 Uhr, Plan S. 142 c2

31 San Giuliano Terme

Historischer Kurort, beliebtes Wochenendziel der Einheimischen, Wanderregion

Information

■ UIT, 56017 San Giuliano Terme, Via Giovanni Battista Niccolini, Tel. 050 819111, www.sangiulianointoscana.it

Den Kurort mit seinen heute rund 31000 Einwohnern erwähnte bereits Plinius als »Terme di Pisa«. Hier erholten sich die Noblen der Stadt gern von ihren Zipperlein, und bis heute hat sich San Giuliano Terme eine gewisse Faszination bewahrt. Viele Familien aus Pisa verbringen hier gern ihre Sommerfrische – oder auch nur ein erholsames Wochenende jenseits des städtischen Trubels. Zudem lässt es sich in der Umgebung von San Giuliano Terme gut wandern.

Sehenswert

Fondazione Cerratelli

| Museum |

Sie interessieren sich für das smaragdgrüne, mit Edelsteinen besetzte Abendkleid, das Rita Hayworth in dem Film »Circus World« (1964) trug? – Hier finden Sie eine beeindruckende Samm-

lung von 30 000 historischen Theater- und Filmkostümen, darunter etliche oscarprämierte Ausstattungen.

■ Via G. di Vittorio 2, Mo–Fr 9–18 Uhr, Dependance in Pisa, Via Consoli del Mare 13

Certosa di Pisa

| Museum |

Die im Jahr 1336 errichtete Kartause – nach Pavia die zweitgrößte Kartause Italiens – wurde im 17. Jh. barock umgestaltet. Kirche und Refektorium des eindrucksvollen Komplexes (heute als Museum zu besichtigen), sind reich mit Fresken geschmückt.

■ Ca. 5 km außerhalb in der Via Roma, südöstl. von Calci, Di–Sa 8.30–18.30, So 8.30–12.30 Uhr, 5 €, erm. 2 €

Acquedotto Mediceo di Pisa

| Aquädukt |

954 Bögen, die sich über 6 km durch die Landschaft von Asciano bis Pisa ziehen, formen ein von den Medici initiiertes Aquädukt, das noch bis ins frühe 20. Jh. genutzt wurde. Auch in San Giuliano Terme selbst sind noch Reste eines Aquädukts aus der Römerzeit zu sehen.

■ San Rocco, Valle delle Fonti/Asciano

Monte Serra

| Aussichtspunkt |

Der zur Hügelkette der Monti Pisano gehörende Berg, mit 917 m die höchste Erhebung der Provinz, ist ein Wanderparadies, von dem man über die Ebene und das Meer bis nach Korsika blickt.

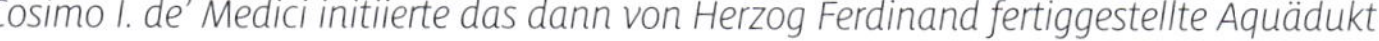

Cosimo I. de' Medici initiierte das dann von Herzog Ferdinand fertiggestellte Aquädukt

32 Lucca

Verträumtes Kleinod mit intaktem historischen Stadtkern

Luccas Piazza dell'Anfiteatro steht auf den Überresten eines römischen Amphitheaters

Information

- UIT, 55100 Lucca, Piazzale San Donata, Tel. 05 83 58 31 50, www.lucca turismo.it, auch Piazza Santa Maria 25, Tel. 05 83 91 99 31
- Parken: siehe S. 151

Mit seinem prächtigen Dom, den schönen Stadttürmen und interessanten Museen braucht sich Lucca mit seinen heute gut 90 000 Einwohnern nicht hinter anderen toskanischen Provinzhauptstädten zu verstecken. Gleichwohl verbirgt die vollständig ummauerte Altstadt ihr – verglichen mit Pisa zwar wenig spektakuläres, aber schönes – Antlitz hinter einem gewaltigen, mehr als 4 km langen Festungswall mit elf Bastionen und sechs Toren. Dahinter verweisen zwei Plätze auf die antike Historie der Stadt: Die Piazza San Michele mit der Kirche San Michele in Foro wurde auf dem ehemaligen Stadtmittelpunkt, dem Forum, errichtet; die ovale Form der Piazza dell'Anfiteatro verweist auf den Bau von Häusern rund um ein nicht erhalten gebliebenes Amphitheater. Und so wehrhaft der einst mit 126 Kanonen bestückte Festungswall auch ist – er lässt sich nicht nur durch die alten Tore leicht überwinden, sondern lädt sogar seinerseits zum Fla-

Plan S. 148

nieren ein: In der ersten Hälfte des 19. Jh. wurde auf dem 12 m hohen, im Fundament bis zu 30 m starken Mauerwerk eine Allee angelegt, auf dem man wandeln kann – die Altstadt immer im Blick.

Sehenswert

Duomo San Martino

| Kirche |

Allein der Anblick der reich ornamentierten Fassade – dem ältesten noch erhaltenen Teil des Doms – wäre schon eine eigene Reise nach Lucca wert. Besonders verehrt wird im Kircheninneren ein Kruzifix, für das Matteo Civitali 1484 einen kleinen Marmortempel schuf. Der Legende nach soll der »Volto Santo« vom hl. Nikodemus geschnitzt worden sein. Besonders sehenswert sind auch Federico Zuccaris »Anbetung der Könige« und Tintorettos »Letztes Abendmahl«. Bischof Anselmo da Baggio, auf dessen Wunsch das Gotteshaus im 11./12. Jh. romanisch umgebaut wurde, ging später als Papst Alexander II. in die Kirchengeschichte ein.

■ Piazza Antelminelli

2 San Giovanni

| Kirche |

Das Schönste an diesem Sakralbau ist das romanische Portal aus dem 12. Jh.; sein Inneres wurde im 17. Jh. erneuert und bildet heute während des jährlichen Puccini-Festivals (www.puccinielasualucca.com) sehr stimmungsvollen Rahmen für Konzerte.

■ Via San Giovanni

ADAC Mobil

Wer sich Verkehr und Parkplatzsuche ersparen will: **Bus- und Bahnverkehr** in der Toskana sind besser ausgebaut als in anderen italienischen Regionen, außerdem sehr günstig. So lassen sich auch Lucca und Pisa mit dem Zug oder Bus gut erreichen. Informationen/Abfahrtszeiten unter www.discovertuscany.com (Lucca) und www.aboutpisa.info/de, dann »Tour« (Pisa). Mit dem Zug geht es von Florenz nach Siena, Lucca und Pisa; Verbindungen: www.trenitalia.com.

3 Santa Maria dei Servi

| Kirche |

Hier ist neben dem Hauptportal auf einer in Stein gemeißelten Inschrift ein ungewöhnliches Tier dargestellt – ein gewaltiger Wal, Reminiszenz an einen 1495 an die Küste von Viareggio gespülten Artgenossen, der damals zu vielen Spekulationen Anlass gab.

■ Piazza dei Servi

4 Santa Maria Forisportam

| Kirche |

In dieser – nach dem Vorbild des Doms von Pisa – errichteten Kirche sind u.a. Bilder von Giovanni Francesco Barbieri, genannt Il Guercino, zu bewundern.

■ Viccolo Tommasi 1

5 Palazzo Bernardini

| Palast |

Der verwunschene Palast birgt ein jahrhundertealtes Geheimnis

Die Bernardinis gehörten einst zu den mächtigsten Familien Luccas. Als sie sich ab dem Jahr 1512 mitten im Zentrum der Stadt einen Palast errichten ließen, verwendete man für den Bau auch Fassadenreste einer früher an dieser Stelle stehenden Kirche mit einem Marienbildnis, dem nachgesagt wurde, dass es Wunder wirken konnte. Aus Ehrfurcht vor der wundertätigen Madonna flehten die Gläubigen den Bauherrn an, das Marienbildnis in den neuen Bau zu integrieren. Der aber soll vom Teufel höchstpersönlich dazu verführt worden sein, das Bildnis zu entfernen. Das rächte sich: Bis heute sieht man am Fenster rechts vom Portal einen auffällig nach vorn gebogenen Pfosten, der sich beim Bau um nichts in der Welt einfassen lassen wollte und noch immer so wirkt, als wolle er aus dem Rahmen springen. Man kann den »Teufelsstein«, wie er in Anspielung auf die Legende genannt wird, sogar

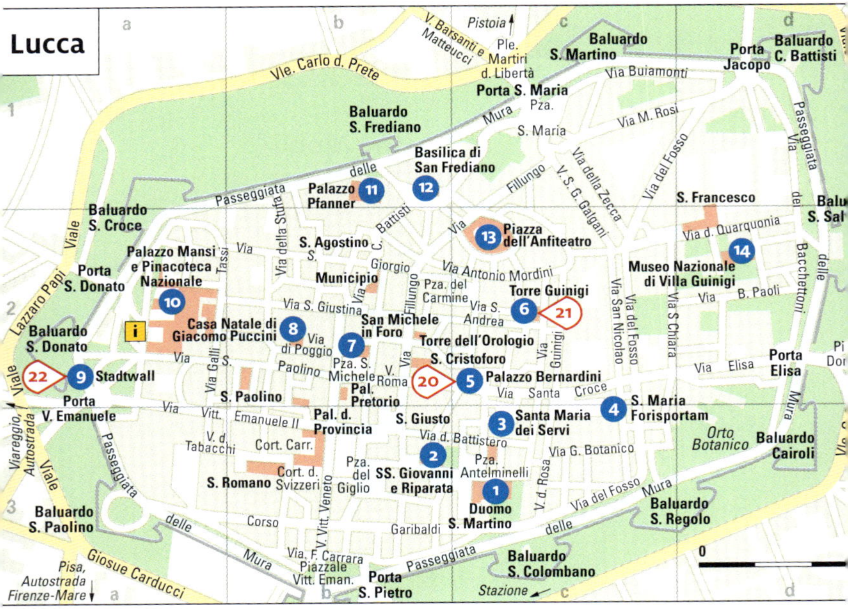

Gefällt Ihnen das?

Sie haben eine Schwäche für geheimnisvolle Orte mit sagenumwobenem Hintergrund? Dann sollten Sie sich neben dem Palazzo Bernardini hier in Lucca auch den **Palazzo dei Priori** in **Volterra** (S. 105) nicht entgehen lassen, genauso wenig wie den **Torre del Diavolo** in **San Gimignano** (S. 108) oder den **Palazzo dell' Orologio** in **Pisa** (S. 141).

berühren – ein steinerner Ausdruck des von der Familie Bernardini an diesem Ort begangenen Frevels.

■ Via Santa Croce

Torre Guinigi

| Turm |

Mittelalterlicher Turm mit grandiosem Ausblick

Bis zu den Apuanischen Alpen reicht der Rundblick vom 45 m hohen Torre Guinigi, einem der wenigen noch erhaltenen von einst rund 250 mittelalterlichen Türmen der Stadt, auf dessen Dach seit dem 15. Jh. Steineichen wachsen. 230 unregelmäßig geformte Stufen führen bis nach oben.

■ Via Sant'Andrea 45, April, Mai tgl. 9.30–18.30, Juni–Sept. bis 19.30, Okt. bis 17.30, Jan., Feb. und Nov., Dez. bis 16.30 Uhr, www.lemuradilucca.it/torri/torre-guinigi, 4 €, erm. 3 €

San Michele in Foro

| Kirche |

Nach dem Dom ist dies der bedeutendste Sakralbau in Lucca. Ab dem 12. Jh. an der Stelle eines römischen Forums (ital. »foro«) errichtet, beeindruckt vor allem die mit Carrara-Marmor inkrustierte, von einer kolossalen Statue des Erzengels Michael gekrönte Fassade: Ursprünglich für ein höher geplantes Mittelschiff konzipiert, das nie realisiert wurde, erinnert die (wie die Fassade des Doms) von Guidetto da Como entworfene Fassade ein bisschen an eine Filmkulisse.

■ Piazza San Michele

Casa Natale di Puccini

| Museum |

Giacomo Puccini (1858–1928) feierte mit Opern wie »Tosca«, »La Bohème« und »Madame Butterfly« große Erfolge; sie werden bis heute auf allen wichtigen Opernbühnen der Welt regelmäßig aufgeführt. Im Geburtshaus des Komponisten sind Manuskripte, Notenblätter, Briefe und Fotos zu sehen.

■ Corte San Lorenzo 9, Mai–Sept. tgl. 10–19 Uhr, sonst kürzer, 9 €, erm. 5 €

Stadtwall

| Befestigungsanlage |

»Erhabene« Flaniermeile rund um Luccas Altstadt

Auf dem die gesamte Altstadt umgebenden Wall kann man gut einen Spaziergang machen (ca. 4 km) und auch immer wieder über Treppen zum historischen Zentrum hinabsteigen.

10 Museo Nazionale di Palazzo Mansi

| Museum |

Der im 18. Jh. innen prunkvoll barockisierte Palast birgt eine bedeutende Pinakothek. Sehenswert sind auch die Räume selbst, der Ballsaal etwa und ein mit Gold und Seide geschmücktes Brautgemach (»camera degli sposi«).

■ Via Galli Tassi 43, www.luccamuseinazionali.it, Mo–Fr 8.30–19.30 Uhr, 6,50 €, erm. 3,25 €

Blick über die Terrakottadächer der Stadt Lucca bis hin zu den Apuanischen Alpen

11 Palazzo Pfanner

| Palast |

Benannt ist dieser im 17. Jh. ursprünglich von den Moriconis, einer adligen Seidenhändlerfamilie, in Auftrag gegebene Prachtbau mit Prunktreppe nach der Familie Pfanner, deren Eigentum das Anwesen bis heute ist. Felix Pfanner, der das Anwesen im Jahr 1860 kaufte, betrieb hier eine Brauerei, die noch bis zum Jahr 1929 aktiv war. Pietro Pfanner war Chirurg und in den Jahren 1920 bis 1922 Bürgermeister der Stadt. Zu besichtigen sind in dem nach der Familie benannten Palast reich geschmückte Säle mit feinsten Möbeln, eine Ausstellung medizinischer Geräte vergangener Jahrhunderte sowie ein herrlicher Barockgarten mit manikürten Hecken, Statuen, Brunnen und Zitronenbäumen.

■ Via degli Asili 33, www.palazzopfanner.it, April–Nov. tgl. 10–18 Uhr, 6,50 €/4,50 €

12 Basilica di San Frediano

| Kirche |

Besonders sehenswert ist die um 1230 entstandene Fassade. Das Mosaik »Himmelfahrt Christi« ist von der byzantinischen Kunst inspiriert.

■ Piazza San Frediano

13 Piazza dell'Anfiteatro

| Platz |

Im Mittelalter wurden über den Mauern des im 2. Jh. erbauten römischen Amphitheaters Häuser errichtet, deren Ein- oder Durchgänge zum Teil den Gewölben der antiken Zuschauerränge entsprachen. Erst im 19. Jh. ließ der Architekt Lorenzo Nottolini die Umrisse des Theaters rekonstruieren. Die darauf befindlichen Häuser blieben stehen, die im Inneren wurden abgerissen. So ergab sich der heute sehr stimmungsvolle ovale Platz, der sich Sommer für Sommer in eine offene Bühne des Lebens verwandelt, auf der Cafés, Restaurants und Geschäfte zum Bummeln und Verweilen einladen.

 Museo Nazionale della Villa Guinigi

| Museum |

Als Stadtherr regierte Paolo Guinigi in den Jahren 1400 bis 1430 mit viel Umsicht Lucca. Er förderte den Handel mit Carrara-Marmor, das Bankwesen und die Seidenproduktion, was der Stadt viel Wohlstand einbrachte. In seiner – damals noch außerhalb der Stadt als Sommerpalast errichteten – Villa präsentiert das Nationalmuseum etruskische Grabfunde und römische Mosaiken sowie Skulpturen des 12. bis 16. Jh. Auch das wichtigste Comicfestival Europas, »Lucca Comics & Games«, nutzt die Villa jeweils Ende Oktober als eines der Ausstellungszentren des Events.

■ Via della Quarquonia, www.luccamuseinazionali.it, Di–So 9–19 Uhr, 4 €, erm. 2 €, Kombiticket mit dem Palazzo Mansi 6,50 €

Parken

Parken kann man in Lucca anders als in anderen toskanischen Städten problemlos, beinahe rund um die Altstadt gibt es dafür gut ausgeschilderte Parkplätze (ca. 2 €/Std.).

Restaurants

€€ | **Buca di Sant'Antonio** Es gibt Spezialitäten wie »ribollita« (überbackene Brot- und Gemüsesuppe) oder »maccheroni lucchesi« (Pasta mit Kaninchen-Sugo). ■ Via Cervia 3, Tel. 058 35 58 81, 12.30–15 und 19.30–22 Uhr, So Abend und Mo geschl., Plan S. 148, b2

€€ | **Da Pasquale** Gemütliche kleine Osteria mit toskanischen Gerichten und einer exzellenten Weinauswahl. ■ Via del Moro 8, www.dapasquale-lucca.com, 19.30–22.30 Uhr, Di geschl., Plan S. 148 c1

Einkaufen

Pizzicheria La Grotta Ein Schlaraffenland für Feinschmecker mit allen klassischen toskanischen Delikatessen und feinsten Weinen. ■ Via Anfiteatro 2, Mi nachm. geschl., Plan S. 148 c2

33 Bagni di Lucca

Einst ein weltberühmter Kurort, heute bei Wanderern beliebt

Information

■ UIT, 55022 Bagni di Lucca,
Viale Umberto I' 97, Tel. 05 83 80 57 45,
www.bagnidiluccaterme.info

Was für ein Aufstieg: Schon Montaigne kurte hier im Jahr 1582 und berichtete darüber begeistert in seinem »Tagebuch einer Reise durch Italien«. Auch Napoleons Schwestern Elisa und Paolina kurten hier, die englischen Dichter Lord Byron und Mary Shelley, Schöpferin des (übrigens nicht nach dem Monster, sondern nach dem Wissenschaftler im Gruselroman benannten) »Frankenstein«. Kurz: Bagni di Lucca gehörte im 19. Jh. mit seinen heißen Quellen und Grotten zu den berühmtesten Kurorten der Welt. Doch was für ein Abstieg: Im darauffolgenden 20. Jh. änderte sich der Geschmack radikal; von nun an zog es die Touristen vor allem ans Meer und an die Strände, Berg-Kurorte wie Bagni di Lucca verloren an Bedeutung. Doch in seiner

Umgebung sind heute das Valle del Serchio und die Garfagnana beliebte Ziele für Wanderer. In den Apuanischen Alpen, die sich zwischen Lucca und La Spezia erstrecken und im Nordwesten an den Ligurischen Apennin anschließen, erreichen die Gipfel fast 2000 m Höhe. Auch Mountainbiker haben die umliegende Region für sich entdeckt. Besonders schön: ein 60-minütiger Rundweg zur Chiesina degli Alpini oder ein Besuch der Schlucht Orrido di Botri, einem Naturschutzgebiet; Wanderkarten gibt es im Tourismusbüro (S. 151).

Sehenswert

Demidoff-Tempel

| Architektur |

Hübscher Rundbau im klassizistischen Stil, der wie aus der Zeit gefallen zu sein scheint. Erbaut wurde er von Anatole Demidoff (1813–1870), Prinz von San Donato, einem russischen Großindustriellen und bedeutenden Förderer von Wissenschaft und Kunst, der lange in der Toskana lebte.

Passeggiata Elizabeth Barrett e Robert Browning

| Spazierweg |

Eine Dichterliebe in viktorianischer Zeit: Elizabeth Barrett und Robert Browning sollen einander hier, am Ufer des am Ortskern vorbeifließenden Lima-Flusses, ewige Treue geschworen haben.

Ponte delle Catene

| Brücke |

Das beeindruckende, den Fluss Lima überquerende und nachts stimmungsvoll illuminierte Bauwerk wurde im Jahr 1860 fertiggestellt. Die steinerne Hängebrücke soll sogar der Brooklyn Bridge in New York als Vorbild gedient haben, mit deren Bau zehn Jahre später begonnen wurde.

■ Loc. Fornoli

Parken

Von Lucca kommend, findet sich ein ausgeschilderter Parkplatz etwa zwei Gehminuten vom Ortsteil Ponte a Serraglio entfernt.

Restaurants

€€ | Circolo dei Forestieri Essen unter Kronleuchtern wie einst beim toskanischen Adel, der hier zum Kuren kam: hübsches Ambiente, gute Pastagerichte. ■ Piazza Jean Varraud, 10, Tel. 0583 805558, Mo Abend und Di geschl.

In der Umgebung

Ponte del Diavolo

| Brücke |

Die auch unter dem Namen Ponte della Maddalena bekannte »Teufelsbrücke« ist eine in ihrer heutigen Form im 14. Jh. errichtete, nahe der Ortschaft Borgo a Mozzano den Fluss Serchio überquerende Steinbrücke. Entscheidenden Anteil an ihrer Fertigstellung soll der Teufel gehabt haben, der dem wegen technischer Schwierigkeiten in Terminnot geratenen Brückenbauer seine Hilfe versprach, wenn er im Gegenzug die Seele desjenigen bekäme, der als Erster die fertige Brücke überqueren würde. Als der Erbauer einem Priester von seinem Teufelspakt beichtete, empfahl ihm dieser, am nächsten Morgen als Erstes ein Schwein über die des Nachts fertiggestellte Brücke zu treiben – eine Finte, über die der Teufel so erbost gewesen sein soll, dass er sich daraufhin von der Brücke in den Fluss stürzte und nie wieder an diesem Ort gesehen ward.

■ Borgo a Mozzano

Grotta del Vento

| Höhle |

In einer der größten Tropfsteinhöhlen Europas gibt es auf einem 3,5 km langen Spazierweg reichlich Stalagmiten und Stalaktiten zu entdecken.

■ Bei Fornovolasco, ca. 15 km außerhalb, www.grottadelvento.com, tgl. 10–18 Uhr, je nach Route ab 9 €, erm. ab 7 €, ein- und zweistündige Führungen, Audioguide

34 Cascina

Intakter mittelalterlicher Stadtkern, interessanter Antiquitätenmarkt

Information

■ Comune di Cascina, 56021 Cascina, Via Palestro 4, Tel. 05 07 92 45, www.comune.cascina.pi.it

ADAC Spartipp

Cascina ist eine ideale **Ausweichmöglichkeit** für jene, die im Hochsommer oder zum Wochenende kein Hotel mehr in Pisa finden. Die Preise sind vergleichsweise moderat, Bahn und Bus fahren alle 30 bis 60 Minuten nach Pisa.

Erstmals erwähnt wurde der Ort – heute eine Gemeinde mit etwas mehr als 45 000 Einwohnern – im 8. Jh. in Dokumenten des Bischofs von Pisa. Noch weitgehend intakt erhalten blieb der mittelalterliche Stadtkern; auch der Verlauf der alten Stadtmauern ist gut zu erkennen. Im Juli feiert man hier ein großes Stadtfest, das an die Schlacht von Cascina im Jahr 1394 erinnert, bei der die Florentiner gegen Pisa um die Vorherrschaft kämpften. Am ersten Sonntag des Monats (außer Juli bis Sept.) gibt es einen Antiquitätenmarkt in der Via Matteotti, bei dem auch viel Tischlerhandwerk zu bewundern ist.

Schaurig-schöne Geschichten erzählt man sich über die »Teufelsbrücke«

Farbenfroher Blickfang: Vespas im Museo Piaggio in Pontedera

Sehenswert

Pieve di San Giovanni e Santa Maria Assunta

| Kirche |

In seiner heutigen Form wurde der Sakralbau im 11. Jh. errichtet; der Glockenturm stammt aus dem darauffolgenden Jahrhundert. Sehenswert ist besonders das Fresko »Madonna con Bambino« sowie eine gleichnamige Terrakottaskulptur des Bildhauers Benedetto da Maiano.

■ Piazza della Chiesa

Parken

Große Parkplätze u.a. auf der Piazza Antonio Gramsci, der Via Cava, der Via Ugo la Malfa, teilweise kostenlos (saisonabhängig).

35 Pontedera

Sitz des für Ape, Vespa und Co. bekannten Fahrzeugherstellers Piaggio

Information

■ Comune di Pontedera, 56025 Pontedera, Viale Rinaldo Piaggio 82, Tel. 38 87 58 30 81, www.comune.pontedera.pi.it

Hauptattraktion der industriell geprägten Kleinstadt mit 29 000 Einwohnern ist das Museum des 1884 hier gegründeten, heute weltweit rund 7500 Mitarbeiter beschäftigenden und etwa 1,2 Milliarden Euro umsetzenden Fahrzeugherstellers Piaggio, berühmt für die Vespa und das Lastendreirad Ape; auch die Motorradmarken Aprilia und Moto Guzzi gehören zum Konzern.

Sehenswert

Museo Piaggio

| Museum |

Vespas aus allen Epochen, in allen Formen und Farben – auch ein von Dalí signiertes Modell ist dabei.

■ Di–Sa 9.30–13 und 14–17.30 Uhr, Eintritt frei (online), www.museopiaggio.it

Parken

Ausreichend vorhanden. Weiß markierte Plätze sind (teils mit Parkscheibe) kostenfrei, blau markierte sind kostenpflichtig (außer So), 0,50–1,30 €/Std.

Restaurants

€€ | Mandarino Caffè Bistrot Erfrischend modernes Restaurant, Café und Cocktailbar. ■ Piazza Curtatone e Montanara, Tel. 33 89 15 03 08, tgl. 8–1.30 Uhr

Übernachten

Für Pisa wie für Lucca gilt: Eine rechtzeitige Buchung ist ein Muss, denn hier ist alles beinahe das ganze Jahr über gut gebucht – eine echte Nebensaison existiert nicht. Wer eher Lust auf eine Landpartie hat und die Städte lieber als Tagestourist besucht, findet besonders in Bagni di Lucca eine große Auswahl an ordentlichen Hotels mittlerer Kategorie.

Pisa 136

€ | **Pensione Rinascente** Stimmungsvolles Hotel in einem historischen Gebäude aus dem 17. Jh. ■ 56126 Pisa, Via del Castelletto 28, Tel. 050 58 04 60, www.rinascentehotel.com

€–€€ | **Ariston** Kleines, zweckmäßiges Hotel gleich an der Piazza dei Miracoli, einige Zimmer blicken auf den Schiefen Turm. ■ 56126 Pisa, Via Cardinale Pietro Maffi 42, Tel. 050 56 18 34, www.ariston-hotel-pisa.pisa-hotels.com

€–€€ | **Royal Victoria** Schönes, traditionsreiches Hotel direkt am Arno. Einige Zimmer befinden sich in einem Turm aus dem 10. Jh. ■ 56126 Pisa, Lungarno Antonio Pacinotti 12, Tel. 050 94 01 11, www.royal victoria.it

€€ | **Hotel Bologna** Sympathisches Hotel in der Altstadt 150 m südlich vom Arno, gutes Frühstücksbüfett, große Zimmer, Fahrradverleih, Parkplatz (10 €/Tag). ■ 56125 Pisa, Via Giuseppe Mazzini 57, Tel. 050 50 21 20, www.hotelbologna.pisa.it

Lucca und Umgebung 146

€ | **La Gemma di Elena** Sechs Doppelzimmer mit und ohne Bad (ohne Bad deutlich preiswerter), sehr freundliche Betreiber, Parkplatz (10 €/Tag). ■ 55100 Lucca, Via della Zecca 33, Tel. 05 83 49 66 65, www.lagemmadielena.it

€€ | **La Bohème** Zentral in einer ruhigen Nebenstraße nicht weit von der Kirche San Michele gelegen, gibt es nur sechs Zimmer mit antiken Holzschränken, Kronleuchtern, Himmelbetten, Marmor- oder Parkettboden, Fernseher und Klimaanlage. ■ 55100 Lucca, Via del Moro 2, Tel. 05 83 46 24 04, www.boheme.it

€€ | **Resort Dei Limoni** Elegantes kleines, charmantes Hotel nahe Lucca in einer Villa mit schönem Park und kleinem Pool. Individuell eingerichtete Räumlichkeiten, exzellentes Restaurant. ■ 55100 Massa Pisana (3 km südwestl. Lucca), Via Nuova per Pisa, Tel. 058 31 52 27 97

Bagni di Lucca 151

€€ | **Hotel & Terme Bagni di Lucca** Direkt an den Thermen gelegen, aber eigener Wellness-Bereich mit Innenpool, Massagen und sonstigen Anwendungen. Gutes Restaurant mit typischen Spezialitäten. ■ 55022 Bagni di Lucca, Via del Paretaio 1, Tel. 058 38 60 34, www.termebagnidilucca.it

€€ | **Villa Stisted** Kleines Hotel mit nur vier Zimmern im ehemaligen Palazzo einer britischen Adelsfamilie. Gediegene Atmosphäre in klassischer B & B-Tradition, schöner Park, der zum Entspannen einlädt. ■ 55022 Bagni di Lucca, Viale Roma 65, Tel. 0 58 38 77 94

Arezzo und der Osten – Toskana für Entdecker

Abseits der großen Touristenpfade trifft man auf alte Festungsorte, idyllische Kleinstädte und freut sich am Kunstgenuss ohne Gedränge

Der Osten der Toskana befindet sich etwas abseits der großen Touristenströme, lohnt aber unbedingt ebenfalls einen Besuch. Arezzo mag ein wenig im Schatten der Städte Florenz, Pisa, Lucca und Siena liegen, doch gegen die enorme Strahlkraft dieser vier urbanen Schmuckstücke hätte es wohl jeder Ort der Welt sehr schwer. Befände sich Arezzo in einer anderen Region oder gar in einem anderen Land, wäre die Stadt dort sicher eine der wichtigsten Sehenswürdigkeiten.

Historisch bedeutsam ist diese Region schon seit etruskischen Zeiten, und bis heute haben sich hier viele Kleinstädte ihren ursprünglichen Charakter bewahrt. Ein Bummel durch unverfälschte »borghi« beweist, wie romantisch es auch im Osten der Toskana zugehen kann, und dann gibt es ja auch hier faszinierendste Kunst zu bewundern.

In diesem Kapitel:

36 Arezzo 158

37 Cortona 163

38 Sansepolcro 165

39 Poppi 166

40 Camaldoli 167

Übernachten 168

ADAC Empfehlungen:

Basilica di San Francesco, Arezzo

| Kirche |

Hinter den Mauern der äußerlich unscheinbaren Bettelordenskirche verbirgt sich mit Piero della Francescas Freskenzyklus eines der bedeutendsten Kunstwerke der Toskana. 159

Palazzo Comunale, Cortona

| Palast |

Cortona gehört zu den ältesten Städten der Toskana, und auch der Palazzo Comunale mit seiner imposanten Freitreppe geht in seinen Anfängen bereits auf das 12. Jh. zurück. 163

Castello dei Conti Guidi, Poppi

| Festung |

Eine herausragend erhaltene, sehr gut gepflegte Burg, eine große Bibliothek, interessante Fresken und ein besteigbarer Turm machen den Besuch zum eindrucksvollen Erlebnis. 167

36

23

37

36 Arezzo

Antiquitäten, Fresken und der »Vater der Kunstgeschichte«

Auf der Piazza Grande in Arezzo, dem von Loggien gesäumten Hauptplatz der Stadt

Information

■ UIT, 52100 Arezzo, Piazza della Libertà 2, Tel. 0575401945, www.arezzo.turismo.toscana.it

■ Parken: siehe S. 163

In etruskischer Zeit war das sich malerisch einen Hügel hinauf ziehende, von einer Festung bekrönte Arezzo mit seinen heute knapp 100 000 Einwohnern einer der mächtigsten Orte des Zwölfstädtebundes. Wahrzeichen der Stadt, in der auch der Dichter Francesco Petrarca geboren wurde, ist die »Chimäre von Arezzo«. Diese 1553 außerhalb der Porta S. Lorentino gefundene, auf das 4. Jh. v. Chr. datierte etruskische Bronzestatue, das ein die Kraft des Löwen, die Ausgeglichenheit der Ziege und die Klugheit der Schlange vereinendes Mischwesen der griechischen Mythologie darstellt, befindet sich heute im Archäologischen Museum von Florenz. Unter den Römern entstand 294 v. Chr. eine Arretium genannte Militärstation an der Via Cassia. Im Mittelalter schwächten innere Konflikte und Scharmützel mit Siena und Florenz die Stadt, deren historisches Zentrum bis heute eines der schönsten in der Toskana ist. Arezzo ist ein wichtiges Zentrum für Goldverarbeitung und Schmuck. Zudem findet hier an jedem ersten Wochenende im Monat der größte Antiquitätenmarkt Italiens statt,

Plan S. 161

der sich mit seinen Ständen fast durch die ganze Altstadt zieht.

Sehenswert

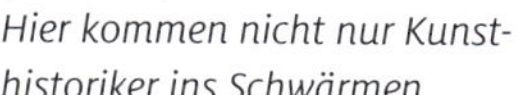

1 Basilica di San Francesco

| Kirche |

23 *Hier kommen nicht nur Kunsthistoriker ins Schwärmen*

Piero della Francesca ist eine der Lichtgestalten der Frührenaissance, und der in den 1450er-Jahren begonnene Freskenzyklus zur »Legende des wahren Kreuzes« im Chor der Cappella Bacci der ab 1290 errichteten Kirche San Franceso gilt als sein Hauptwerk.

■ Via Cavour, im Sommer Mo–Fr 9–19, Sa 9–18, So 13–18 Uhr, im Winter kürzer, begrenzte Kartenkontingente, Vorbestellung ist erforderlich: Tel. 05 75 35 27 27, www.pierodellafrancesca-ticketoffice.it

2 Piazza Grande

| Platz |

Schönster Platz der Stadt ist die abfallend angelegte Piazza Grande, Austragungsort der zweimal jährlich stattfindenden mittelalterlichen Reiterspiele »Giostra del Saracino« (am vorletzten Samstag im Juni und am ersten Sonntag im September) sowie Marktplatz (vor allem für Antiquitäten). Architektonische Akzente setzen der halbrunde Chor der im 16. Jh. von Vasari neu gestalteten Kirche Santa Maria della Pieve und die Renaissancefassade des Palazzo della Fraternità dei Laici. Ursprünglich errichtet für eine religiöse Laienbruderschaft, wurde der Palast 1786 Sitz eines Zivilgerichts. Den angrenzenden Glockenturm und den Palazzo delle Logge an der Nordseite der Piazza gestaltete wiederum Vasari.

ADAC Wussten Sie schon?

Roberto Benigni drehte seinen Film **»Das Leben ist schön«** zu großen Teilen in Arezzo. Lohn des Meisterwerks, in dem er selbst die Hauptrolle spielte: drei Oscars, u. a. für den »Besten Hauptdarsteller«, und weltweite Einspielergebnisse von 230 Millionen Dollar. Die Fahrradszene, in der Benigni im Film seine Frau kennenlernt, wurde vor dem Caffè dei Costanti an der Piazza San Francesco gedreht.

Im Blickpunkt

Freskenkunst in Vollendung

Piero della Francesca wurde zwischen 1412 und 1420 im nordöstlich von Arezzo gelegenen Bergdörfchen Sansepolcro geboren – das genaue Jahr ist unbekannt, weil das Archiv mit seiner Geburtsurkunde in Flammen aufging. Gesichert ist allein, dass er dort auch, in den letzten Lebensjahren erblindet, am 12. Oktober 1492 starb. Giorgio Vasari zufolge war Piero »sehr eifrig im Studium der Kunst, beschäftigte sich viel mit Perspektive und war wohl bewandert im Euklid, sodass er die wichtigsten Kreislinien regelmäßiger Körper besser als irgend sonst ein Geometer zu zeichnen verstand«. Außerdem pflegte der Künstler, ebenfalls laut Vasari, »oft Modelle von Ton zu formen und mit weichen faltenreichen Gewändern zu bekleiden, die er abzeichnete und als Vorlagen benutzte«. Nach seiner Ausbildung bei Domenico Veneziano in Florenz arbeitete Piero u. a. in Ferrara, Rimini und Urbino und war bereits ein über die Grenzen seiner engeren Heimat hinaus bekannter und angesehener Künstler, als er Anfang der 1450er-Jahre den Auftrag zur Ausgestaltung des Chors der Kirche San Francesco in Arezzo erhielt. Das Patronat dafür übernahm die alteingesessene Kaufmannsfamilie Bacci, die eigens einen Weinberg verkaufte, um die Arbeiten finanzieren zu können. Ihre Investition sollte sich lohnen: Pieros Freskenzyklus für die Kirche San Francesco gilt als sein Hauptwerk. Der Künstler illustriert darin die wechselvolle Geschichte des wahren (also: heiligen) Kreuzes, wie sie in der »Legenda Aurea«, einer vom Dominikaner Jacobus de Voragine (1228/29–1298) verfassten Sammlung von Heiligenlegenden, geschildert wird, auf eine den Betrachter ebenso irritierende wie faszinierende Weise. Von enormer Bedeutung sind auch Pieros theoretische Schriften über sein Ideal einer mathematisch begründeten Perspektive.

3 Pieve di Santa Maria

| Kirche |

Das im 12./13. Jh. aus Sandstein errichtete älteste Gotteshaus der Stadt gehört zu den schönsten romanischen Sakralbauten der Toskana. Der um das Jahr 1330 hinzugefügte rechteckige Campanile wird wegen seiner romanischen Biforien (durch eine Säule geteilte Zwillingsfenster) auch »Turm der 100 Löcher« genannt (tatsächlich sind es aber nur 40 Zwillingsfenster – bzw. 80 »Löcher«).

■ Piazza Grande/Corso Italia 7

4 Cattedrale dei Santi Donato e Pietro

| Kirche |

Besonders sehenswert in dem ab 1277 errichteten Dom sind die fünf großformatigen Glasfenster, die der vor seinem Eintritt ins Kloster in einen Mordfall verwickelte französische Mönch Fra Guillaume de Marcillat ab 1515 im südlichen Seitenschiff der dreischiffigen Pfeilerbasilika schuf. Hinzu kommt ein Fresko der Heiligen Magdalena von Piero della Francesca an der Wand rechts neben dem Eingang zur Sakristei. Imposant ist auch das Grabmal des Bischofs und ehemaligen Stadtherrn Arezzos, Guido Tarlati, links daneben.

■ Piazza Duomo 1

5 San Domenico

| Kirche |

Die ursprüngliche Fassade der im 13. Jh. errichteten Kirche wurde mehrfach umgebaut; erhalten blieb das romanische Portal. Bedeutendste Sehenswürdigkeit ist das monumentale Tafelkreuz

Plan S. 161

Im Blickpunkt

Giorgio Vasari – Architekt, Maler und Biograf

Er erfand die Begriffe »Gotik«, »Manierismus« und »Renaissance«, gilt als erster Kunsthistoriker der Geschichte, verfasste mehr als 100 Biografien bedeutender Künstler und reüssierte auch selbst als Maler und Architekt – eine beeindruckende Leistung für den Sohn eines einfachen Handwerkers. Giorgio Vasari wurde im Jahr 1511 in Arezzo als Sohn eines Töpfers geboren, und seine Talente blieben nicht unbemerkt; bald wurde er gemeinsam mit den Medici-Söhnen ausgebildet. Auch wenn er sich bei seinen Lebensbeschreibungen so manche dichterische Freiheit erlaubte, gelten sie bis heute als die wichtigste Informationsquelle über bedeutende Künstler der Renaissance wie Giotto, Tizian und Michelangelo. Vasari starb 1574 in Florenz.

(um 1260/70) von Cimabue über dem Hauptaltar – ein noch an byzantinischen Vorbildern geschultes Frühwerk des Künstlers, das in seiner Darstellung Christi als leidender Mensch aber schon weit über seine Zeit hinaus wies.

6 Casa di Giorgio Vasari

| Museum |

Das zweistöckige Haus, das Giorgio Vasari 1540 in seiner Geburtsstadt kaufte und dessen Zimmer er eigenhändig ausmalte, illustriert den manieristischen Stil des Architekten, Malers und Biografen (siehe »Im Blickpunkt«, links).

■ Via XX Settembre 55, Tel. 0575 40 90 40, Online-Buchung erforderlich (www.giorgiovasari-ticketoffice.it), Mo, Mi–Sa 8.30–19.30, So bis 14.30 Uhr, 4 €, erm. 2 €

7 Museo Statale d'Arte Medievale e Moderna

| Museum |

In einem um 1445 errichteten Renaissancepalast mit schönem Innenhof präsentiert das Museum für mittelalterliche und moderne Kunst eine umfangreiche Sammlung aretinischer und toskanischer Maler.

■ Via San Lorentino 8, Tel. 0575 40 90 50, Di, Mi 9.50–19.15, 1. 3, und 5. Sa im Monat 9.15–13.30. 2. und 4. Sa im Monat 15–19 Uhr, freier Eintritt

8 Museo Archeologico

| Museum |

Relikte aus etruskischer und römischer Zeit zeigt dieses direkt neben den Ruinen des Amphitheaters gelegene, in den Räumen eines ehemaligen Klosters untergebrachte Museum.

■ Via Margaritone 10, Tel. 0575 20 882, Mo, Mi, Fr 9–12, Di, Do, Sa sowie erster und letzter So im Monat 14.30–17.30 Uhr, 6 €, erm. 3 €

Parken

Gratis-Parkplätze findet man in der Via Spallanzani (Plan S. 161 westl. a1), der Viale Gramsci (Plan S. 161 südöstl. a3) und der Via Tarlati (Plan S. 161 c1); kostenpflichtige u. a. in der Via Baldaccio d'Anghiari (Plan S. 161 westl. a2).

Restaurants

€€€ | **Le Chiavi d'Oro** Gleich bei der Basilica di San Francesco gibt es raffiniert interpretierte toskanische Gerichte. ■ Piazza San Francesco 7, Tel. 0575 403313, Mo geschl., Plan S. 161 b2

Einkaufen

Enoteca Charleston Große und exzellente Weinauswahl, zudem alle Arten von Kaffee, Olivenöl, Bier aus Kleinstbrauereien, Eis und Süßspeisen. ■ Via della Chimera 121, Di–Fr 6.30–20.30 Uhr, Plan S. 161 nördl. von a1

Vestri Cioccolato Ein Paradies für Naschkatzen mit hausgemachten Schokoladen und Süßspeisen ■ Via Romana 161, So–Do 6–21, Fr, Sa 6–22 Uhr, Plan S. 161 südwestl. a3

37 Cortona

Schön gelegene Ansiedlung mit romantischer Altstadt

Information

■ UIT, 52044 Cortona, Piazza Signorelli, Tel. 0575 6371, www.comunedicortona.it

Auch Cortona war einst eine bedeutende Stadt der Etrusker und später eine wichtige Römergarnison. Ihre Blütezeit

Stumme Zeugen der Zeit im Archäologischen Museum in Cortona

erlebte die Stadt mit ihren heute 22000 Einwohnern als freie Kommune im 12./13. Jh.; 1325 wurde sie zum Bischofssitz erhoben. Im Jahr 1409 bemächtigte sich König Ladislaus von Neapel der Stadt und verkaufte sie zwei Jahre später an Florenz. Beim »Gioco dell' Archibaldo«, einem jedes Jahr im Juni gefeierten mittelalterlichen Stadtfest, das auf eine Adelshochzeit von 1397 zurückgeht, treten die fünf Stadtviertel von Cortona im Armbrustschießen gegeneinander an.

Sehenswert

Palazzo Comunale

| Palast |

Wuchtiger mittelalterlicher Bau mit großer Freitreppe

Das Herz der Stadt markieren die beiden ineinander übergehenden Plätze Piazza della Repubblica und Piazza Signorelli. Beliebtes Fotomotiv an der

Westseite der Piazza della Repubblica ist dieser bereits im 12. Jh. errichtete, später erweiterte Palast.

■ Piazza della Repubblica

Museo della Accademia Etrusca e della Città di Cortona (MAEC)

| Museum |

Hinter dem Palazzo Comunale erhebt sich der um 1300 errichtete Palazzo Casali. Anfang des 16. Jh. befand sich hier die Werkstatt des in Cortona geborenen Malers Luca Signorelli, seit Mitte des 18. Jh. hat hier die Etruskische Akademie ihren Sitz, zu deren Mitgliedern Voltaire und Montesquieu zählten.

■ Piazza Signorelli 9, www.cortonamaec.org.it, April–Okt. tgl. 10–19, Nov.–März Di–So 10–17 Uhr, 10 €, erm. 7 €

Duomo Santa Maria

| Dom |

Das dreischiffige Innere des ursprünglich Ende des 15. Jh. über einem romanischen Vorläuferbau errichteten Doms wurde im 17. und 18. Jh. vollständig umgebaut; den barocken Hochaltar schuf der Cortonese Francesco Mazzuoli.

■ Piazza del Duomo

Museo Diocesano

| Museum |

Gegenüber dem Dom präsentiert das in einer ehemaligen Jesuitenkirche untergebrachte Diözesanmuseum seine Sammlung, darunter die »Verkündigung an Maria«, ein farbenprächtiges Frühwerk von Fra Angelico.

■ Piazza del Duomo 1, Tel. 0575 4027226, April–Okt. tgl. 10–19, Nov.–März Di–So 10–17 Uhr, 9 €

Beliebte Filmkulisse: der Palazzo Comunale an der Piazza della Repubblica in Cortona

Parken

Die Altstadt ist mit dem Auto nicht zugänglich. Parkplätze: Porta San Agostino, Santuario di Santa Margherita oder unterhalb der Altstadt.

Restaurants

€€ | Fufluns Beliebteste Pizzeria in der Stadt. ■ Via Ghibellina 3, Tel. 0575 60 41 40, nur abends, Di geschl.

In der Umgebung

Sante Maria delle Grazie al Calcinaio

| Kirche |

Der Name der Kirche geht zurück auf eine Kalkgrube (ital. »calcinaio«), die sich einst an dieser Stelle befand und den Schustern zum Gerben diente. Errichtet wurde sie ab 1485 für ein heute in der Ädikula über dem Hochaltar befindliches Marienbildnis, das der Legende nach Wunder wirken soll.

■ Knapp 2 km südl. an der SP 34 339, ausgeschildert

38 Sansepolcro

Der Geburtsort des Malergenies Piero della Francesca

Information

■ UIT, Via Mateotti 8, 52037 Sansepolcro,Tel. 0575 74 05 36, www.comune.sansepolcro.ar.it

Der Legende nach entstand dieser Ort (»Sansepolcro« bedeutet heiliges Grab), als Pilger im 10. Jh. aus Jerusalem zurückkamen und hier für ihre mitgebrachten Reliquien vom Grab

ADAC Wussten Sie schon?

Terre di Piero: Rimini, Urbino, Sansepolcro, Monterchi, Arezzo und Perugia sind die Stationen eines **Kunstreisewegs** auf den Spuren des Malers Piero della Francesca, der durch vier italienische Regionen führt (Emilia-Romagna, Toskana, Marken, Umbrien).
www.terredipiero.it/de/
App Terre di Piero für iPhone und iPad via Apple App Store

Christi ein Oratorium errichteten. Bald darauf wurde eine Abtei zur Pflege der geheiligten Stätte gegründet, und so entstand nach und nach ein Ort, der noch zu Lebzeiten des hier geborenen Piero della Francesca ein – vom Künstler selbst so bezeichnetes – »Kaff voller Schlamm und Lehm« war. Dennoch stritten sich verschiedene Herrscher um den Ort, der damals noch Borgo San Sepolcro hieß – sogar die Mailänder und die Römer mischten dabei mit. 1441, während Piero am Hof des Herzogs von Urbino arbeitete, verkaufte der damalige Papst, Eugen IV., Pieros Geburtsort für 25 000 Goldflorin an Florenz. Größter Arbeitgeber der auch für ihre Goldschmiedekunst bekannten heutigen Industrie- und Handelsstadt mit 16 000 Einwohnern ist der Nudelhersteller Buitoni.

Sehenswert

Museo Civico

| Museum |

Berühmtestes Bild in der Pinakothek des im Palazzo della Residenza untergebrachten Stadtmuseums ist Piero della Francescas »Resurrezione« (Auferstehung Christi), auf dem sich der Maler vermutlich auch selbst (als zweiter Wachmann von links vor dem Grab kauernd) in Szene gesetzt hat.

■ Via Niccolò Aggiunti 65, Tel. 0575 73 22 18, www.museocivicosansepolcro.it. 16. Sept.–14. Juni 10–13, 14.30–18, 15. Juni–15. Sept. 10–13.30 und 14.30–19 Uhr, 10 €, erm. 8,50 €

Parken

An der Viale Vittorio Veneto (1 €/Std.) und der Viale Antonio Pacinotti (kostenlos).

Restaurants

€€ | **Al Coccio** Nicht weit vom Museum, gemütliches Ambiente, zuvorkommender Service, solide regionale Spezialitäten. ■ Via Niccolò Aggiunti 83, Tel. 0575 74 14 68, Mo, Di geschl.

39 Poppi

Einer der »schönsten Orte Italiens« mit wuchtiger Burg

Information

■ APT, 52014 Poppi, Via Nazionale Badia Prataglia 14a, Tel. 0575 55 94 77

Die heute etwas mehr als 6000 Einwohner Poppis haben es gut: Ihr Ort gehört zur prestigereichen Vereinigung »I borghi più belli d'Italia«, ist also einer der schönsten Orte Italiens. Die Bedingungen für die Aufnahme: eine intakte Altstadt ohne Autoverkehr, historisch bedeutende Bauten, gute Lebensqualität. Ab dem späten 12. Jh. ließen sich hier die Grafen Guidi eine Burg errichten, von der man einen herrlichen Blick auf die umliegenden Hügellandschaft hat.

Sehenswert

Castello dei Conti Guidi

| Burg |

Exzellent erhaltene Burg wie aus einem Fantasyfilm

Die imposante Anlage umgibt einen schönen Innenhof mit geschwungenem Treppenaufgang. Gut erhalten ist die Burgkappelle mit Taddeo Gaddi, einem Schüler Giottos, zugeschriebenen Fresken aus dem 14. Jh. Die Bibliothek hütet einen Schatz von mehr als 25000 Werken, darunter wertvolle Handschriften und Inkunabeln. Ein Aufstieg des Turms ist zu empfehlen.
■ Piazza della Repubblica 1, www.castellodipoppi.it, tgl. 10–18 Uhr, 6 €, erm. 4 €, 6 € inkl. Turmbesteigung

Restaurants

€–€€ | Casentino Gemütliche Trattoria in den einstigen Stallungen des Schlosses direkt gegenüber dem Castello dei Conti Guidi. ■ Piazza della Repubblica 6, Tel. 0575529090, Mi geschl.

40 Camaldoli

Beschauliche Klosteransiedlung, viele Wandermöglichkeiten

Information

■ Comunità di Camaldoli, 52010 Camaldoli, Loc. Camaldoli 14, Tel. 0575556013, www.camaldoli.it

Inspiriert von der kirchlichen Reformbewegung des 11. Jh. gründete der später heilig gesprochene italienische Benediktinermönch Romuald (um 952–1027) die Kamaldulenser, eine auf der Grundlage der Benediktinerregel die mönchische Lebensform mit Traditionen des Eremitentums verbindende Ordensgemeinschaft, von der es seit 1085 auch einen weiblichen Ordenszweig gibt. Die im Lauf der Zeit rund um das Monasteri di Camaldoli entstandene Ansiedlung ist heute ein Ortsteil der Gemeinde Poppi.

Sehenswert

Monastero di Camaldoli

| Kloster |

Das Mutterhaus des Kamuldenserordens besteht aus einem Komplex mit Kreuzgang, Konventsgebäuden, Pilgerhospiz und Klosterkirche (für die Giorgio Vasari einige interessante Bilder schuf). Ein ambitionierter Aufstieg geht hinauf zur Eremitage der Kamaldulenser-Mönche auf über 1100 m über Camaldoli, in die sich Romuald schon bald nach der Klostergründung mit einigen Mönchen zurückzog.
■ Loc. Camaldoli 14, Mo–Sa 9–13 und 14.30–19 Uhr

Laghetto Traversari

| See |

Hier handelt es sich um einen schon im 15. Jh. künstlich angelegten See, der den Mönchen, die kein Fleisch essen durften, zur Fischzucht diente. Heute als Naturschutzgebiet ausgewiesen, findet man hier seltene Fisch- und Lurcharten wie den Alpenmolch.

Einkaufen

Antica farmacia di Camaldoli Die Klosterapotheke gibt es bereits seit dem 16. Jh. Zur Auswahl stehen handgemachte Seifen, Lotionen, Marmeladen und Öle. ■ Loc. Camaldoli 14, Mo–Sa 9–12 und 15–18 Uhr

Übernachten

In und um Arezzo ist das Preis-Leistungs-Verhältnis toskanaweit am besten. Im Osten der Region kommen vor allem Wanderer und Naturfreunde auf ihre Kosten – aber auch jene, die bewusst die Abgeschiedenheit und möglichst unverfälschte Orte und Gegenden genießen wollen. Die meisten Hotels punkten nicht mit überbordendem Luxus, sondern mit aufrichtiger Gastfreundschaft.

Arezzo 158

€ | Albergo La Toscana Zentrumsnah gelegen, alle Zimmer mit Bad und TV. Hilfreiche Besitzer, Parkplätze am Haus. ■ 52100 Arezzo, Via Marco Perennio 56, Tel. 05 75 216 92, www.albergolatoscana.com

€–€€ | Continentale Traditionsreiches Hotel in Altstadtnähe, seit drei Generationen in Familienhand. ■ 52100 Arezzo, Piazza Guido Monaco 7, Tel. 057 520251, www.hotelcontinentale.com

€€ | Casa Bivignano Traumhafter Agriturismo und Reiterhof in einem 300 Jahre alten Bauernhaus in romantischer Abgeschiedenheit auf 20 ha Grundstück, mit viel Geschmack renoviert. ■ 52030 Arezzo, Loc. Bivignano 6, Tel. 0575916937, www.bivignano.com

€€–€€€ | Graziella Patio Hotel Hübsches Boutiquehotel in einem 400 Jahre alten Palazzo; jedes Zimmer ist individuell eingerichtet. Nicht weit von allen Sehenswürdigkeiten. ■ 52100 Arezzo, Via Cavour 23, Tel. 0575 401962, www.hotelpatio.it

Cortona 163

€–€€ | Hotel Farneta Im Grünen gleich bei der Abtei von Farneta gelegen. Aus der Küche kommen regionale Spezialitäten; Obst, Gemüse und Gewürze stammen aus dem eigenen Garten. ■ 52042 Cortona, Loc. Farneta 3, Tel. 0575610241, www.hotelfarneta.it

€–€€ | San Luca Neu renoviertes Hotel in der Altstadt mit Aussichtsterrasse und extragroßen Familienzimmern. ■ 52044 Cortona, Piazza Garibaldi 1, Tel. 0575 630460, www.sanlucacortona.com

Sansepolcro 165

€ | Fiorentino Das im Ortskern gelegene Hotel gibt es seit über 200 Jahren. Schlicht, aber geschmackvoll eingerichtete Zimmer, Dachterrasse mit Traumblick. (Kein Aufzug!) ■ 52037 Sansepolcro, Via Luca Pacioli 56, Tel. 05 7574 0350, www.albergofiorentino.com

Umgebung von Poppi 166

€ | Casale Camalda Bio-Agriturismo im Nationalpark Foreste Casentinesi, Monte Falterona und Campigna, 12 km von Poppi. ■ 52011 Bibbiena, Loc. Castagnoli 33, Serravalle di Bibbiena, Tel. 0575 519104, www.agriturismocamalda.it

Camaldoli 167

€ | Locanda dei Baroni Sympathisches Hotel im Grünen mit Garten; Teile stammen aus dem 11. Jh. Die Betreiber organisieren auch Touren. ■ 52010 Camaldoli, Via di Camaldoli 5, Tel. 0575 556015, alberghicamaldoli.it

ADAC Service Toskana

Beim **ADAC Info-Service**, in den **ADAC Geschäftsstellen** sowie auf dem **Internetportal des ADAC** (adac.de) erhalten Sie Informationen zu den Dienstleistungen des Automobilclubs und zu Ihrem Reiseziel. So können Sie sich von der **ADAC Trips App** (adac.de/services/apps/trips) via Smartphone oder Tablet-PC inspirieren lassen oder als **ADAC Mitglied** das kostenlose **ADAC TourSet® Toskana** (adac.de/reise-freizeit/reiseplanung/tourset) mit vielen Reiseinfos und Karten anfordern. Bei Pannen und Notfällen steht Ihnen unser Team rund um die Uhr telefonisch und digital (adac.de/hilfe und ADAC Pannenhilfe App) zur Verfügung.

ADAC Info-Service

T 089 558 95 96 97
Infos zu allen ADAC Leistungen
(Mo–Sa 8–20 Uhr gebührenfrei)

ADAC Ambulanzdienst

T +49 89 76 76 76
(Erkrankung, Unfall, Verletzung, Transportfragen, Todesfall)

ADAC Pannenhilfe Deutschland

T 089 20 20 40 00, Mobil 22 22 22
(Verbindungskosten je nach Netzbetreiber/Provider)

ADAC Pannenhilfe Ausland

T +49 89 22 22 22
(Verbindungskosten je nach Netzbetreiber/Provider)

Online-Angebote des ADAC für Ihre Reiseplanung

Service	**Webadresse**
Reiseinspirationen, -planung und -hinweise	adac.de/reise-freizeit/reiseplanung
Aktuelle Verkehrslage	adac.de/verkehr
Individuelle Routenplanung	adac.de/maps
Infos zu Tankstellen und Spritpreisen	adac.de/tanken
Infos zu mautpflichtigen Strecken	adac.de/mautportal
Infos zu Fährverbindungen	adac.de/faehren
Aktuelle Infos vor Reiseantritt	adac.de/tourmail
Informationen für Camper	adac.de/camping
Informationen für Motorrad- und Oldtimerfahrer	adac.de/reise-freizeit/reisen-motorrad-oldtimer
Informationen für Segler und Skipper	skipper.adac.de
ADAC Reiseangebote	adacreisen.de
ADAC Autovermietung	adac.de/autovermietung
ADAC Versicherungen für den Urlaub	adac.de/versicherungen
Weltweite Preisvorteile für ADAC Mitglieder	adac.de/vorteile-international
Telemedizinische Beratung	adac.de/meinmedical

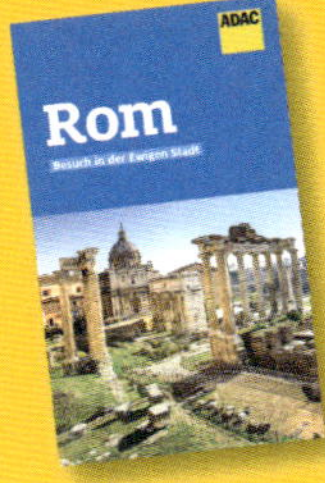

Diese **Produkte des ADAC** könnten Sie interessieren: **ADAC Reiseführer Emilia-Romagna, ADAC Reiseführer Ligurien, ADAC Reiseführer Rom** und **ADAC Campingführer Südeuropa** – erhältlich im Buchhandel, bei den ADAC Geschäftsstellen und in unserem ADAC Online-Shop (adac.de/shop).

Anreise und Einreise

Auto

Die Toskana ist gut aus dem Norden über den Brenner auf der mautpflichten A22 und dann über die ebenfalls mautpflichtige A1 zu erreichen (Maut derzeit bis Florenz Nord 34,30 €, auch eine Vignette für Österreich ist erforderlich). Wer über die Schweiz nach Italien fährt, der muss auch hier eine Jahresvignette kaufen (40 CHF).

Bahn und Bus

Es bestehen gute Bahnverbindungen, so fährt von München aus mehrmals täglich ein EC bis Bologna, von dort geht es weiter mit dem Eurostar nach Florenz. Die Fahrtzeit beträgt zwischen 7,5 und 8,5 Std. www.bahn.de, www.trenitalia.com

Auch **Fernbusse** fahren die Toskana an. Preisbeispiel: Mit dem Flixbus (www.flixbus.de) geht es in knapp 9 Std. von München nach Florenz ab rund 50 €. Auch nach Arezzo, Lucca, Pisa, Pistoia, Prato, Siena und Viareggio gibt es Verbindungen. Eine Übersicht aller Reiseveranstalter finden Sie u. a. unter www.fernbusse.de. Innerhalb der Toskana hilft die Seite www.checkmybus.de.

Flugzeug

Direktflüge nach Florenz und Pisa gibt es von mehreren deutschen Städten sowie aus Österreich und der Schweiz. Beide Flughäfen liegen stadtnah; vom Aeroporto Amerigo Vespucci in Florenz fährt ein Bus in 20 Min. die Strecke von 5 km ins Zentrum (Betrieb tgl. 5.30–23.30 Uhr), auch weitere italienische Orte (z. B. Lucca und Siena) können per Bus vom Flughafen erreicht werden. Pisas Aeroporto Galileo Galilei, der bedeutendste Flughafen der Toskana, der mit 78 Destinationen verbunden ist und auch von beliebten »Billigfliegern« wie Ryanair angesteuert wird, ist direkt an einen Bahnhof angebunden, der Ankommende in die Innenstadt oder nach Florenz bringt (Züge 7–22.30 Uhr). Hier gibt es ebenfalls Busverbindungen bspw. nach Siena, Lucca und Viareggio.

Einreise und Dokumente

Italien ist ein Teil des Schengenraums. Deutsche, Österreicher und Schweizer benötigen somit für die Einreise nur einen gültigen Personalausweis oder den Reisepass. Alleinreisende Minderjährige brauchen eine amtlich beglaubigte Einverständniserklärung der Eltern, alle Kinder abhängig vom Alter einen Kinderausweis, den Kinderreisepass, Reisepass oder Personalausweis. Wir empfehlen, vor Reiseantritt eine Fotokopie Ihrer Reisedokumente anzufertigen und diese getrennt von den Originaldokumenten aufzubewahren, um bei Verlust abgesichert zu sein.

Auto und Straßenverkehr

Allgemeines

Die Toskana ist verkehrstechnisch gut erschlossen, auch kleinere Orte sind mit dem Auto gut erreichbar. Chronisch verstopft und auch ziemlich gefährlich ist die Autobahn A1 zwischen Bologna und Florenz, die über den Apennin führt – auf der kurven- und tunnelreichen Strecke sollte mit besonders viel Umsicht gefahren werden. Auch rund um Florenz ist zur Rush-hour mit Staus zu rechnen. Die Schnellstraße Florenz–Siena war lange in einem miserablen Zustand, die Ausbesserungsarbeiten sind aber endlich abgeschlossen.

Führerschein und Papiere

Autofahrer brauchen ihren nationalen **Führerschein**. Wer mit dem eigenen Auto unterwegs ist, muss zudem den Kfz-Schein mitführen. Die Mitnahme der Internationalen Grünen Versicherungskarte wird empfohlen, da sie als Versicherungsnachweis dient und z. B. bei einem Unfall die Abwicklung erleichtert.

Verkehrsvorschriften

Die **Promillegrenze** liegt in Italien bei 0,5. Die in Deutschland übliche Verkehrsregel **rechts vor links** gibt es in Italien nicht. Im Kreisverkehr befindliche Fahrzeuge haben Vorfahrt.

Tempolimits

Straße	Tempolimit
Autobahn	max. 130 km/h, bei Regen: max. 110 km/h
Schnellstraße	max. 110 km/h
Landstraße	max. 90 km/h
Ortschaft	max. 50 km/h

Die Geschwindigkeit auf italienischen Autobahnen wird immer häufiger von sogenannten Tutoren überwacht, die über eine längere Strecke zweimal messen und daraus die Durchschnittsgeschwindigkeit errechnen. (Kurzfristiges Abbremsen nützt also nichts.) Generell sollten die Verkehrsbestimmungen strikt eingehalten werden – die Bußgelder für Verstöße wurden in den letzten Jahren drastisch erhöht.

Tanken

Kraftstoff ist in Italien durchweg teurer als in Deutschland oder Österreich. Für 1 l Super zahlt ein Autofahrer zzt. rund 1,90 €, Diesel liegt im Preis nur knapp darunter. Tankstellen an Autobahnen sind in der Regel 24 Std. geöffnet, die übrigen meist Mo–Fr 7–12.30 und 14–19 Uhr, Sa und So im Schichtdienst. Die meisten Tankstellen sind inzwischen mit automatischen Zapfsäulen ausgestattet (Bargeld und/oder EC-/Kreditkarte), sodass 24 Std. getankt werden kann.

Es gibt vor allem bei größeren Tankstellen und auf Autobahnen die Unterscheidung »Self« und »Servito«; bei Letzterem macht es der Tankwart.

Parken

Die meisten **Innenstädte** sind für Privatautos gesperrt (auf die ZTL-Schilder sowie auf das Symbol des rot umrandeten weißen Kreises achten). Es werden hohe Bußgelder (ca. 70 €) erhoben, und ein Entrinnen ist schwierig, da die meisten ZTL-Areale videoüberwacht werden. Liegt das gebuchte Hotel in einer ZTL-Zone, ist eine Zufahrt als Hotelgast meist möglich, das Hotel meldet dann das Kfz-Kennzeichen an die Behörden, und ein evtl. erteilter Strafzettel wird hinfällig.

Unfall

Nach einem Unfall sollten Sie sofort anhalten, die **Unfallstelle** absichern und Erste Hilfe leisten. Bei **Personenschaden** sollten Sie unbedingt die Polizei verständigen (Notruf: 112). Die **Notrufzentrale des ADAC** erreichen Sie bei Fahrzeugpannen und -unfällen unter Tel. +49 89 22 22 22.

Barrierefreies Reisen

Im Gegensatz zu vielen anderen italienischen Städten lässt sich vor allem Florenz gut als Rollstuhlfahrer erkunden. Die Bürgersteige sind abgeflacht, und es gibt reservierte Behinderten-

Parkplätze. Ein weiteres Plus sind die kurzen Wege zwischen den – vielfach mit Rampen versehenen – Sehenswürdigkeiten. Gute Übersicht (auf Englisch) unter www.sagetraveling.com/florence-disabled-access und www.turismosenza barriere.it (auch auf Deutsch). Greve, Lucca und Pisa sind ebenfalls gut zu besichtigen; extrem schwierig ist die Besichtigung mittelalterlicher Städte auf Hügeln oder mit vielen Anstiegen wie Castellina, Volterra oder Montepulciano.

Diplomatische Vertretungen

Die **Auslandsvertretungen** können bei **Passverlust** einen Reiseausweis zur Rückkehr ins Heimatland ausstellen. Bei Geldverlust vermitteln sie Kontaktmöglichkeiten mit Verwandten oder Freunden zu Hause. Bei Bedarf können sie bei der Vor-Ort-Suche nach einem **Anwalt**, **Arzt** oder **Dolmetscher** und bei anderen **Formalitäten** behilflich sein.

Deutschland

■ Corso dei Tintori 3, Florenz, Tel. 05 52 34 35 43, florenz@hk-diplo.de

Österreich

■ Lungarno A. Vespucci 58, Florenz, Tel. 05 52 65 42 22, cons.austria@alpiworld.com

Schweiz

■ Piazzale Galileo 5, Florenz, Tel. 055 22 24 34, firenze@honrep.ch

Feiertage

1. Januar: Capodanno (Neujahr), 6. Januar: Epifania (Heilige Drei Könige), Ostermontag, 25. April: Anniversario della Liberazione (Tag der Befreiung vom Faschismus), 1. Mai: Festa del Lavoro (Tag der Arbeit), 2. Juni: Festa della Repubblica, 15. August (Mariä Himmelfahrt), 1. November: Ognissanti (Allerheiligen), 8. Dezember: Immacolata Concezione (Mariä Empfängnis), 25./26. Dezember: Natale und Santo Stefano (Weihnachten).

Fundbüro

Florenz

■ Via Circondaria 17b, Tel. 05 53 28 39 42

Siena

■ Casato di Sotto 23 (Rathaus), Tel. 05 77 29 22 30

Pisa

■ Via Cesare Battisti 53, Tel. 050 91 08 45

Geld und Währung

Italien ist Mitglied der Europäischen Währungsunion, Währung ist der **Euro**. **Banken** sind je nach Filialgröße ca. zwischen 8–12 und 14.30–16.30 Uhr geöffnet und Sa, So immer geschlossen. **Bankautomaten** funktionieren mit einer Bank- oder Kreditkarte. **EC-** und **Kreditkarten** werden akzeptiert. Allgemeine Sperrnummer bei **Kartenverlust Tel. +49 116 116**.

Kosten im Urlaub

(durchschnittliches Preisniveau)

Espresso	1,30 €
Cappuccino	2 €
Softdrink	3 €
Bier (0,4l)	4 €
Glas Hauswein (0,1l)	1,50 €
Hauptgericht	14 €
Museum	2–17 €
Mietwagen/Tag	ab 35 €

Wer größere Ausgaben tätigen will: Die Höchstgrenze für **Barzahlungen** liegt in Italien bei 1000 €.

Festivals und Events

Januar

Pitti Uomo, große Modemesse in Florenz, ein weiterer Termin ist Mitte Juni. Sehr sehenswert, aber auch viele ausgebuchte Hotels. Termine: www.pittiimmagine.com

Februar

Karneval in Viareggio, Umzug fantastisch geschmückter Wagen.

März/April

Scoppio del Carro: an die Zeit der ersten Kreuzzüge erinnerndes Feuerspektakel am Ostersonntag auf der kleinen Piazza zwischen Dom und Baptisterium in Florenz.

Mai

Maggio Musicale, berühmtestes Musikfestival Italiens in Florenz, Infos: www.maggiofiorentino.it.
Giostra del Archidado: traditionelles Bogenschützenfest in historischen Kostümen in Cortona.

Juni

Luminara di San Ranieri (16.6.), historische Regatta und nächtliches Fest in Pisa.
San Giovanni (24.6.), Fest des Stadtheiligen von Florenz. Dann wird **Calcio storico** gespielt, eine wilde Mischung aus Rugby, Boxen und Fußball.
Palio di San Ranieri (auch: Regata Storica): historischer Umzug und Ruderregatta am 17. Juni auf dem Arno in Pisa zu Ehren des Stadtheiligen San Ranieri.
Gioco del ponte: Brückenspiel in Pisa, am letzten Junisonntag.

Juli

Palio di Siena (2.7.) – ein weiterer Termin ist der 16. August. Siena ist an jenen Tagen (und auch in den Tagen zuvor) hoffnungslos überlaufen. Wer dabei sein will, sollte rechtzeitig das Hotel buchen.
Summer Festival in Lucca, Rock- und Popmusikfestival mit vielen internationalen Stars.
Auch beim **Pistoia Blues Festival** gibt es reichlich Livemusik.

August

Il Baccanale, Montepulciano, ein Weinfest am vorletzten Augustsamstag.
Bravio delle botti: historisch kostümierter Umzug und »Pferderennen« (mit schweren Fässern statt hoch zu Ross) in Montepulciano zu Ehren des Schutzpatrons der Stadt, San Giovanni Decollati (29.8.).

September

Giostra del Saracino, Arezzo, mittelalterliches Volksfest am ersten Septembersonntag. Es gibt auch eine nächtliche Version des Spektakels am vorletzten Junisamstag.
Luminara di Santa Croce (13.9.), Stadtfest in Lucca; weitere Feierlichkeiten in der Stadt den gesamten September hindurch.

November

Lucca Comics & Games, eines der wichtigsten Comicfestivals Europas mit internationalem Publikum, meist in der ersten Novemberwoche, Termine und Programm unter www.luccacomicsandgames.com

Im Innenteil dieses Reiseführers finden Sie auch einige ADAC Spartipps für Ihren Toskana-Urlaub.

Gesundheit

Mit der Europäischen Krankenversichertenkarte (EHIC) werden Versicherte in Italien in öffentlichen Krankenhäusern und bei Vertragsärzten kostenlos behandelt. Gebühren fallen für Sonderbehandlungen und Besuche bei Spezialisten an. Sie müssen in der Regel sofort und bar bezahlt werden, eventuell werden diese Kosten im Heimatland gegen Vorlage der Quittung erstattet. Faustregel: Dringend notwendige Behandlungen, die keinen Aufschub dulden, werden im Allgemeinen klaglos übernommen. Eine private Auslandskrankenversicherung gibt zusätzliche Sicherheit, da deutsche Krankenkassen zum Beispiel keine Krankenrücktransporte übernehmen.

Apotheken haben in der Regel Mo–Sa 8.15–13 und 15–19, Sa bis 18.30 Uhr geöffnet. Bei größeren Orten mit mehreren Apotheken hat So turnusmäßig eine Apotheke geöffnet.

Haustiere

Innerhalb der EU dürfen maximal fünf Hunde oder Katzen grenzüberschreitend transportiert werden. Für jedes Tier muss eine gültige Tollwutimpfung nachgewiesen und ein Heimtierausweis mitgeführt werden. Das Tier muss mittels Tätowierung oder Mikrochip identifizierbar und die Kennzeichnungs-Nummer im Pass eingetragen sein. Aktuelle Informationen gibt das Bundesministerium für Ernährung und Landwirtschaft, www.bmel.de. In einigen Restaurants sind Hunde nicht gern gesehen (besonders bei großen Hunden bei der Reservierung unbedingt nachfragen). Auch an den Strand dürfen sie nicht – zumindest nicht in der Hauptsaison. In jedem Fall sollten Leine und Maulkorb dabei sein. Es versteht sich zudem von selbst, dass Hinterlassenschaften entsorgt werden müssen, auch in öffentlichen Parks.

Information

Staatliche italienische Fremdenverkehrsämter (ENIT)

Für Deutschland

■ Schaumainkai 87, 60596 Frankfurt/M., Tel. 069 23 74 34, frankfurt@enit.it

Für Österreich

■ Mariahilfer Str. 1b, 1060 Wien, Tel. 01 50 516 39, vienna@enit.at

Für die Schweiz

■ Italienisches Generalkonsulat Zürich, Tödistr. 65, 8002 Zürich, Tel. 044 5 44 07 97, zurigo@enit.it

Informationen vor Ort gibt es bei den zahlreichen Uffici Turistici, Uffici Informazioni, IAT und Proloco. Auch die Hotels helfen mit kostenlosen Stadtplänen und zahlreichen Broschüren.

Klima und beste Reisezeit

Kultururlaub ist in der Toskana rund ums Jahr möglich. Wer zusätzlich einen Besuch an der Küste einplant, sollte die Sommermonate anpeilen, aber möglichst außerhalb der italienischen Urlaubszeit (ca. 20.7.–20.8. und da vor allem die Woche um den 15.8.). Zum Gourmeturlaub eignet sich der Herbst am besten – mit der Einschränkung, dass die Winzer dann unter Hochdruck arbeiten und wenig Zeit für umfassende Plaudereien haben.

Eine Warnung: Gerade in der toskanischen Hauptstadt Florenz kann sich das Klima an manchen Tagen im Sommer wegen der Tallage enorm aufheizen – es wird dann dort sogar noch heißer als in jeder anderen Stadt Italiens. Denken Sie deshalb an eine schattenspendende Kopfbedeckung und trinken Sie auch ausreichend.

Klimatabelle Toskana

Monat	Luft (°C) (min./ max.)	Sonne (h/ Tag)	Regen-tage	Wasser (°C)
Jan.	1/11	4	7	13
Feb.	3/11	5	7	12
März	5/14	6	9	13
April	8/20	7	8	14
Mai	12/23	10	7	16
Juni	15/27	10	7	20
Juli	18/30	10	3	22
Aug.	17/30	10	3	23
Sept.	15/26	7	5	21
Okt.	12/20	6	9	19
Nov.	7/14	2	9	15
Dez.	4/12	3	9	14

Nachtleben

Während die Jugend in Diskotheken oft weit außerhalb der Stadtzentren feiert, lassen es die Italiener meist bei ein oder zwei Gläsern Wein in einer Enoteca entspannter angehen. Im Sommer finden in den Städten viele Freiluftkonzerte, Kino-Open-Airs und sonstige Events statt, in den Seebädern wie Viareggio und Forte dei Marmi werden die Beachclubs im August zur Open-Air-Diskothek, wo bis in den Morgen gefeiert und getanzt wird.

Notfall

Wählen Sie in einem Notfall immer die gebührenfreie europäische Notrufnummer 112 (Polizei, Feuerwehr, Rettungswagen und/oder Notarzt).
ADAC Mitglieder können sich in Notfällen auch rund um die Uhr an den ADAC Auslandsnotruf Tel. 0049 89 22 22 22 wenden.

Öffnungszeiten

Öffnungszeiten werden in Italien oft flexibel gehandhabt, das gilt für Restaurants ebenso wie für Sehenswürdigkeiten. Auch wenn alle genannten Angaben gewissenhaft überprüft sind, kann es immer wieder zu kurzfristigen Änderungen kommen.
Weil die meisten toskanischen Museen selbst in historischen Gebäuden liegen, sind viele von ihnen immer wieder teilweise oder komplett wegen Restaurierungsarbeiten geschlossen. Das kann auch ganz kurzfristig geschehen – bei längeren Ausflügen, die nur einem einzigen Museum dienen, am besten vorher im Hotel nachfragen oder sich auf der Webseite des Museums erkundigen.
Traditionelle Ruhetage für Restaurants und Geschäfte sind Sonntagabend, Montag oder Dienstag. Kleinere Läden schließen mittags, dafür verschieben sich die Öffnungszeiten später in den Abend. In touristischen Zonen und auch zur Hauptsaison sind allerdings viele Läden täglich geöffnet. Supermärkte und Einkaufszentren haben sogar durchgehend und fast immer auch am Sonntag geöffnet.
Öffnungszeiten von Banken und Post siehe die Einträge unter Geld und Währung (S. 173) sowie Post (S. 177).

Post

Postämter gibt es in allen größeren Orten. Ihre regulären Öffnungszeiten sind Mo–Fr 8–13.30 und Sa 8–12.30 Uhr. Die Briefmarke für eine Postkarte ins Ausland kostet 1,15 €. Briefmarken sind in den Postämtern, Tabakläden (»tabacchi«) und in den meisten Papeterien erhältlich. Die Briefkästen zum Einwerfen sind signalrot und tragen die Aufschrift »Poste« sowie im Schild darunter die vorgesehenen Leerungszeiten. Die italienische Post ist zwar längst besser als ihr Ruf, eine Postkarte nach Deutschland ist dennoch selten früher als nach acht Tagen da.

Rauchen und Alkohol

Italien hat als erstes europäische Land ein rigoroses Rauchverbot in Restaurants sowie an vielen anderen öffentlichen Orten eingeführt. Dieses wird auch konsequent eingehalten – die Strafen bei Missachtung sind empfindlich (bis zu 350 €). Zudem ist der Zigarettenkauf in Italien kompliziert: Es gibt sie nur in den »Tabacchi«-Kiosken und an einigen wenigen Automaten, dort aber nur gegen Scan des Personalausweises, um die Volljährigkeit nachzuweisen.

Auch wenn regelmäßiger Weingenuss in der Toskana zum täglichen Leben gehört, neigen Italiener nicht zum Exzess: Trunkenheit ist auch in Bars und Weinstuben verpönt.

Sicherheit

Die Toskana ist eine recht sichere Gegend, allerdings agieren an touristischen Brennpunkten oft internationale Banden von Taschendieben. Portemonnaie

Piazza Santo Spirito in Florenz: Auch im Sommer regnet es ab und zu

und Handy am besten in der Vordertasche oder in der Jackeninnentasche statt in der Gesäßtasche tragen, zur Vorsicht vor der Reise eine Kopie der Ausweisdokumente anfertigen, Sperrnummer der Kredit- und EC-Karte parat sowie nie viel Bargeld dabei haben und ggfs. den Hotelsafe nutzen. Niemals Wertsachen im Auto lassen, denn Autoaufbrüche haben in den letzten Jahren wegen lohnender Beute zugenommen (Smartphones, mobile Navis). Experten raten, das Handschuhfach offen zu lassen, um Tätern zu zeigen, dass es nichts zu holen gibt.

Souvenirs

Der gekaufte Wein sollte nicht tagelang im Auto bleiben, wo er sich aufheizt und durchgeschüttelt wird, sonst erlebt man daheim eine böse Überraschung.

Achtung: Nicht nur der Verkauf, sondern auch der Kauf gefälschter Markenartikel wird in Italien mit hohen Geldbußen bestraft. Besonders rund um die Piazza dei Miracoli in Pisa, aber auch an allerlei anderen touristischen Brennpunkten in der Toskana wird allerlei riskante Ware angeboten, von der man tunlichst die Finger lassen sollte.

Sport

Die Toskana vermarktet sich selbst nur sehr zurückhaltend als Ziel für den Aktivurlaub, dennoch haben Urlauber viele Sportmöglichkeiten.

Golf

In der Toskana findet man einige der schönsten Golfplätze Italiens, darunter den altehrwürdigen Golfclub Ugolino (www. golfugolino.com) vor den Toren von Florenz und den Golfclub Punta Ala (www.golfpuntaala.it) an der Küste.

Radfahren

In den örtlichen Tourismusbüros gibt es Karten mit ausgewiesenen Touren, auch für Mountainbiker. In den meisten Zügen (nicht aber in Fernzügen!) dürfen Fahrräder mitgeführt werden.

Reiten

Besonders an der Küste rund um Livorno sind Reiterferien beliebt; dort gibt es 170 km Reitwege. Auch in den Weinbergen des Chianti sind Erkundungen im Sattel möglich.

Wandern

Ein beliebtes Ziel sind die Apuanischen Alpen (Karten mit ausgewiesenen Routen bei den örtlichen Tourismusbüros oder in den Hotels); wer viel Zeit hat, sollte den berühmten Wanderweg Grande Escursione Appenninica angehen – für die 400 km werden 25 Tage benötigt (www.parcoappennino.it). Zum Wandern empfehlen sich das Frühjahr und der Herbst, weil im Sommer die Hitze allzu drückend sein kann. Wer den

Mountainbikes sind ideal für die hügelige toskanische Landschaft

ADAC Mittendrin

Auf dem **Circolo del Golf dell'Ugolino** bei Florenz spaziert man wie durch eine Miniaturausgabe der Toskana. Immer wieder schweift der Blick über die Hügel des Chianti, und mitunter fühlt man sich wie in einem gepflegten Medici-Park. Das Clubhaus steht unter Denkmalschutz – es wurde 1934 von Gherardo Bosio gebaut, der in ganz Italien seine Spuren hinterließ.

Monte Prado besteigen will, den höchsten Berg der Toskana (2054 m): Gut ausgeschilderte, technisch einfache Wanderwege führen auf den Gipfel. Allgemeine Karten: Club Alpino Italia, www.caifirenze.it.

Wassersport

Hier ist das Angebot an der toskanischen Küste an jedem Ort reichhaltig, ob Wasserski, SUP, Tauchen, Kiten oder Surfen. An der toskanischen Küste gibt es zudem knapp 40 Segelschulen. Kitesurf-Hotspots sind Vada und Talamone (dort auch Schulen und Verleih). Wer einfach entspannt baden will, findet im Norden und Süden der Küste Sandstrände und in der Mitte felsige Badebuchten.

Wintersport

Selbst das Skifahren und Snowboarden ist in der Toskana möglich, immerhin erreichen einige der Berge im Inland alpine 2000 m Höhe. Rund um den Pistoieser Apennin sind 50 km Pisten angelegt und 30 Lifte in Betrieb. Auch am Monte Amiata kann man dank 25 km Pisten und zwölf Langlaufloipen Skilaufen (www.turismo.pistoia.it, www.amiataturismo.it).

Strom und Steckdose

Die Netzspannung beträgt 230 V, Wechselstrom 50 Hz. In älteren Einrichtungen findet man noch die Steckdose »Typ L« mit drei Kontaktstiften; wer auf Nummer sicher gehen will, sollte einen Adapter mitführen oder ihn im nächsten Supermarkt kaufen (meist bei den Batterien an der Kasse zu finden).

Telefon und Internet

Zwei italienische Besonderheiten: Auch innerorts muss die Ortsvorwahl gewählt werden. Und: Die 0 der Ortsvorwahl wird immer mitgewählt, auch bei Telefonaten aus Deutschland. Handynummern beginnen mit einer 3.

Vorwahlnummern (international):
Deutschland: 00 49
Österreich: 00 43
Schweiz: 00 41
Italien: 00 39

Seit 2017 fallen im EU-Ausland, zu dem auch Italien gehört, keine Roaming-Gebühren mehr an.

WLAN Ist inzwischen in jedem Hotel und fast jedem Restaurant und Café vorhanden, zudem gibt es viele öffentliche Hotspots. Dort ist die Anmeldung aber mitunter kompliziert und oft nur mit einer italienischen Handynummer oder einem Facebook-Account möglich.

Trinkgeld

In Italien gibt es zwar keine Trinkgeldkultur, aber niemand hat etwas gegen einen kleinen Obolus für einen guten Service. Üblich ist es, in einem Café oder einer Bar das restliche Münzgeld

Im Boutiquehotel Castello La Leccia bei Castellina in Chianti: Wie man sich bettet ...

liegen zu lassen (wenn zwei Cappuccinos 3,60 € kosten, bleiben die zwei 20-Cent-Münzen auf dem Tresen). Im Restaurant ist es üblich, 5 bis 10 % Trinkgeld zu geben.

Unterkunft und Hotels

Hotels gibt es in der Toskana in jeder Größe und Preisklasse. Schnäppchen sind selten, doch lassen sich gerade in der Nebensaison überraschend günstige Zimmer finden. Nicht immer hält der Standard, was das Hotel verspricht. In einem solchen Fall empfiehlt es sich, möglichst gleich am ersten Tag ein klärendes Gespräch mit einem verantwortlichen Mitarbeiter zu suchen. Tipp: Mit einem Lächeln kommt man in Italien weiter als mit dem Pochen auf sofortige Behebung oder gar Drohungen über eine eigenmächtige Minderung des vereinbarten Übernachtungspreises.

Nicht nur wegen der historischen Bausubstanz vieler Einrichtungen, sondern auch wegen der mangelnden Tradition sind Wellnessbereiche, Pools oder Fitnessräume – in Deutschland, Österreich und der Schweiz längst Standard – auch in gehobenen Hotels eine Seltenheit.

Eine Auswahl empfehlenswerter Unterkünfte für alle vorgestellten Gebiete mit Preiskategorien finden Sie am Ende jedes »Unterwegs«-Kapitels in diesem ADAC Reiseführer.

Camping

Die Auswahl an Campingplätzen ist vor allem an der Küste am größten – in der ganzen Region gibt es 185. Die meisten Plätze vermieten auch kleine, komplett ausgestattete Bungalows. Eine Übersicht (auch auf Deutsch) gibt es unter www.campeggi.it oder www.camping.info.

Umfangreiche Informationen mit Bewertungen bieten außerdem das Onlineportal www.pincamp.de, der jährlich aktualisierte **ADAC Campingführer** sowie der **ADAC Stellplatzführer**. Die

Inhalte gibt es auch als App für iPhone, iPad und Android in den Appstores von Apple und Google.

Ferienwohnungen

Über viele Portale lassen sich Wohnungen und ganze Häuser mieten. Drei Tage gelten oft als Mindestmietdauer; in der Hochsaison ist meistens nur die Vermietung von Samstag auf Samstag möglich. Besonders interessant sind Ferienhäuser, wenn zwei oder drei Familien gemeinsam reisen und samt Kindern das gesamte Haus in Beschlag nehmen können, ohne auf weitere Mitbewohner Rücksicht nehmen zu müssen; oft bieten die Häuser Garten, Swimmingpool und Grillmöglichkeit. Eine Datenbank von mehr als 13 000 Ferienwohnungen und -häusern in der Toskana findet man auf dem Internet-Portal www.bestfewo.de.

Hotels und Pensionen

Innerstädtisch übernachtet man sehr oft in einem Palazzo oder in einer Villa, während man in den kleineren Orten in romantischen mittelalterlichen »borghi« unterkommen kann. In den großen Städten gibt es zudem gerade in der Peripherie zweckmäßige und moderne Großhotels. Alle internationalen Ketten sind in der Toskana vertreten, die vom modernen Business-Bau bis zum kleinen Luxus-Chalet alles Erdenkliche anbieten. Unter 100 €/Nacht im DZ geht es in den meisten Hotels in der regulären Saison aber nicht.

Urlaub auf dem Bauernhof

Agriturismo ist längst auch in der Toskana ein großer Trend geworden, der einst in den Weinbergen im Chianti begann, doch mittlerweile finden sich überall Möglichkeiten, auf dem Land inmitten bäuerlichen Lebens oder zwischen den Reben eines Winzers zu übernachten.

Eine gute Übersicht (1200 Agriturismo-Betriebe!) findet sich auf Deutsch unter www.agriturismo.it/de/bauernhof/toskana. Die Preise beginnen hier bei etwa 50 €/Nacht im DZ.

Umgangsformen

Höflichkeit bringt die meisten Reisenden in Italien weiter, als gleich mit dem Anwalt zu drohen. Wer aus irgendeinem Grund unzufrieden mit seinem Zimmer oder seinem Abendessen ist, sollte es zunächst mit einem freundlichen Hinweis versuchen. Meistens wird das Problem dann schnell gelöst – sei es im Hotel mit einem Upgrade oder im Restaurant mit einem kostenlosen Dessert.

Das von Deutschen gern benutzte »Ciao« gilt gegenüber Unbekannten als respektlos. Besser: »Buongiorno« oder, ab etwa 17 Uhr, »Buonasera«. Wer aber zuerst mit einem »Ciao« bedacht wird, darf es natürlich erwidern.

Joviales Scherzen ist nur unter Freunden erlaubt. Witze über die Mafia sollte man tunlichst unterlassen, und das Schimpfen über korrupte oder unfähige italienische Politiker sollte auch den Italienern vorbehalten bleiben.

Fastfood vertilgen auf den Stufen eines Renaissance-Palazzos, ungeniert im freien Oberkörper durch die Stadt spazieren, in Spaghettiträgern Kirchen besichtigen und Denkmäler fürs ultimative Selfie erklimmen: Italien hat die Nase voll und geht fortan in den großen Städten härter gegen unverantwortliche Touristen vor. Beispielsweise hat der Bürgermeister in Florenz im September 2018 angeordnet, dass das

Ankunft mit dem Zug im Bahnhof von Florenz

zwanglose Essen in der Innenstadt auf den Bordsteinen, auf Treppenstufen oder vor Geschäften zwischen 12 und 15 Uhr sowie zwischen 18 und 22 Uhr nicht mehr erlaubt ist. Hohe Bußgelder drohen – bis zu 500 €. Auch Badeorte wie Forte dei Marmi wollen mit hohen Geldstrafen gegen all jene vorgehen, die in Badebekleidung zum Stadtbummel schreiten.

Verkehrsmittel im Land

Bus und Bahn

Der Bus- und Bahnverkehr in der Toskana ist besser ausgebaut als in vielen anderen italienischen Regionen, außerdem sehr günstig. Allerdings hatte jeder kleine Ort seine eigene ÖPNV-Gesellschaft, was für ziemliches Ticket-Chaos sorgte. Erst seit November 2021 liegt alles in einer Hand – in den neugegründeten Autolinee Toscane (www.at-bus.it). Der Ticketkauf ist auch per App und per SMS möglich. Mit dem Zug geht es ebenfalls preisgünstig von Florenz nach Siena, Lucca und Pisa. Informationen zu Verbindungen erhält man unter www.trenitalia.com. Wichtig: Fahrscheine müssen immer am Automaten abgestempelt werden, ansonsten ist das Ticket ungültig.

ÖPNV

In **Florenz** kostet eine Fahrkarte (Gültigkeitsdauer 90 Min.) 1,50 €, 24 Std. 5 €, 3 Tage 12 €, 7 Tage 18 €, Familientickets kosten pro Std. 6 €. Die sogenannten **City Lines** im Centro Storico haben die Bezeichnung C1, C2, C3 und D, die Nachtbusse heißen R, S1, S3, SC und SF. Alle Linien und Abfahrtszeiten findet man unter www.at-bus.it.

Buslinien in Siena: Die einfache Fahrt kostet 1,20–1,60 €.

Buslinien in Pisa: 70 Min. Fahrt kosten 1,20 €, 2 Std. 1,60 €, 4 Std. 1,90 €.

Buslinien in Lucca: 70 Min. Fahrt kosten 1,20 €, 180 Min. 1,80 €.

Buslinien in Arezzo: Eine einfache Fahrt (70 Min.) kostet 1,20 €.
Die kleineren Orte wie zum Beispiel Volterra oder San Gimignano haben keinen ÖPNV.

Fahrrad

Viele Unterkünfte verleihen mittlerweile Räder an ihre Gäste, außerdem finden Sie Fahrradverleihstationen in allen Städten und Ferienregionen. Besonders gut ausgebaut sind die Radwege für Freizeitradler an den lang gestreckten Küstenorten wie z. B. Forte dei Marmi. Hier kann das Auto problemlos am Hotelparkplatz stehengelassen werden.

Mietwagen

Autovermietungen gibt es in den größeren Städten, an den Flughäfen und an den größeren Bahnhöfen. Für Mitglieder bietet die ADAC Autovermietung günstige Konditionen an. Buchen kann man in allen ADAC Geschäftsstellen, im Internet unter adac.de/auto vermietung) oder telefonisch unter 089 76 76 20 99.

Sightseeing

Eine Hop-On/Hop-Off-Tour für Florenz im offenen Doppeldeckerbus mit einem 48- oder 72-Std.-Ticket auf drei verschiedenen Routen kostet ab 23 €, eine Sightseeingtour mit dem Bus von Florenz nach Siena, San Gimignano und Greve (11 Std.) ab 47 €, die gleiche Tour ab Pisa kostet ab 60 €. Eine gute Übersicht über interessante Touren mit Ticketbestellung findet sich unter www.getyourguide.de
In Florenz werden auch geführte Segway-Touren angeboten (Übersicht und Buchung: www.italysegwaytours.com). Besonders malerisch ist eine Segway-Tour durchs nächtliche Florenz (65 €).

Taxi

Taxis werden in Italien nicht per Handzeichen angehalten, sondern müssen telefonisch bestellt werden (am besten im Hotel oder Restaurant fragen). Oder man begibt sich zu einem Taxistand; in Florenz gibt es allein in der Innenstadt 25 solcher Taxistände.
Florenz: Tel. 055 42 42 oder 055 43 90, Minimum 3,30 €, ab 22 Uhr 6,60 €, zusätzlich 1 € pro Gepäckstück.
Siena: Tel. 0577 49 22 22, 3 € Grundgebühr, 1,15 € pro km, 0,50 € pro Gepäckstück.
Lucca: Tel. 05 83 33 34 34, 3,50 € Grundgebühr, 1,45 € pro km.
Pisa: Tel. 050 54 16 00, 3,15 € Grundgebühr, 1,05 € pro km.
Hilfreich sind auch Apps, die über www.apptaxi.it heruntergeladen werden können.

Zollbestimmungen

Innerhalb der EU dürfen Güter für den persönlichen Gebrauch abgabenfrei eingeführt werden. **Richtmengen** für den privaten Verbrauch: 800 Zigaretten, 400 Zigarillos, 200 Zigarren, 1 kg Rauchtabak, 10 l Spirituosen, 10 l alkoholhaltige Süßgetränke (Alkopops), 20 l andere alkoholische Getränke bis 22 % Vol., 60 l Schaumwein, 110 l Bier, 10 kg Kaffee. **Infos:** www.zoll.de bzw. www.bmf.gv.at/zoll
Bei der **Einreise in die Schweiz** bleiben Waren im Gesamtwert von unter 300 CHF zollfrei (inkl. Alkohol und Tabak). Auch hier müssen **Freimengen** beachtet werden. Die Mitnahme von Lebensmitteln ist beschränkt.
Infos: www.ezv.admin.ch

Die Geschichte der Toskana

10.–8. Jh. v. Chr. Erste Nachweise menschlicher Ansiedlungen der eisenzeitlichen Villanovakultur, einer landwirtschaftlich geprägten, nach einem Dorf bei Bologna in der Po-Ebene benannten Kulturstufe. Aus dieser entwickelte sich auf dem Gebiet der heutigen Toskana – im Lauf der Jahrhunderte Gruppen von Zuwanderern aus Griechenland und dem Vorderen Orient integrierend – das Volk der Etrusker.

8.–7. Jh. v. Chr. Bedeutende Erzvorkommen im ansonsten metallarmen Mittelmeerraum machen die Etrusker reich. Dieser Reichtum zieht auch viele weitere Händler und Künstler an. Aufstieg zur Seemacht.

6. Jh. v. Chr. Blütezeit der etruskischen Wirtschaft und Kultur. Auf dem Gebiet der heutigen Toskana, Latiums und Umbriens werden Stadtstaaten gegründet, von denen sich zwölf (darunter Arezzo, Chiusi, Cortona, Populonia und Volterra) zum Zwölfstädtebund zusammenschließen. Ausbreitung bis nach Rom.

5.–1. Jh. v. Chr. Allmählicher Niedergang der etruskischen Kultur, die nach und nach von den seit dem 3. Jh. v. Chr. in ihr Gebiet vordringenden Römern assimliert wird und schließlich in der römischen Kultur aufgeht.

5.–11. Jh. Nach dem Untergang des Weströmischen Reichs steht Tuszien, das antike Etrurien, nacheinander unter ostgotischer, byzantinischer, langobardischer (Hauptort Lucca) und (seit 774) fränkischer Herrschaft. In fränkischer Zeit ist die Toskana Grafschaft, seit dem 11. Jh. Markgrafschaft.

Ab dem 12. Jh. Nach dem Tod der Markgräfin Mathilde (1115) aus dem Haus Canossa streiten Kaiser und Papst um das Gebiet. Der Streit fördert die Entstehung unabhängiger Stadtrepubliken. Pisa steigt zur Seemacht auf, Florenz entwickelt sich zu einem Zentrum der Geldwirtschaft.

1406 Florenz erobert Pisa und bekommt so einen wichtigen Seezugang.

1434 Cosimo der Alte übernimmt die Macht in Florenz und begründet damit die rund 300 Jahre lang andauernde Dynastie der Familie Medici.

1737–1799 Nach dem Tod des letzten Großherzogs aus dem Hause Medici gerät die Toskana unter die Kontrolle der Lothringer und der Habsburger.

1799–1814 Die napoleonische Besatzung endet mit dem Sturz des französischen Kaisers und der Rückkehr der Habsburger-Herrscher.

Ab 1860 Die Toskana wird Teil des neuen Königreichs Italien, Florenz kurzzeitig (1865–1870) italienische Hauptstadt.

1921 Gründung der Kommunistischen Partei Italiens (PCI) in Livorno.

1940 Die Toskana wird zur Kampfzone im Zweiten Weltkrieg, weil der deutsche Verteidigungswall an der Nordgrenze der Region verläuft.

1946 Italien wird eine Republik.

1966 Hochwasserkatastrophe in Florenz.

2014–2018 Matteo Renzi, ehemals Bürgermeister von Florenz, amtiert knapp fünf Jahre als Ministerpräsident Italiens, auf ihn folgt der parteilose Anwalt Giuseppe Conte.

2020: Italien ist von der Corona-Virus-Pandemie (Covid-19) besonders hart betroffen.

2022: Giorgia Meloni holt die Mehrheit für ihr Rechtsbündnis – sogar in der »roten« Toskana – und wird neue Ministerpräsidentin Italiens.

Italienisch für die Reise

Das Wichtigste in Kürze

Ja/Nein	*Sì/No*
Bitte/Danke	*Per favore/Grazie*
Hallo!/Auf Wiedersehen!	*Ciao!/Arrivederci!*
Guten Morgen!/ Guten Tag!	*Buongiorno!*
Guten Abend!/	*Buonasera!/*
Gute Nacht!	*Buonanotte!*
Mein Name ist ...	*Mi chiamo ...*
Entschuldigung!	*Scusi!*
Achtung!/Vorsicht!	*Attenzione!*
Ich verstehe Sie nicht.	*Non la capisco.*
Wie viel kostet ...?	*Quanto costa ...?*
Damen/Herren	*donne/uomini*
geöffnet/geschlossen	*aperto/chiuso*
gestern/heute/ morgen	*ieri/oggi/ domani*
Wie viel Uhr ist es?	*Che ore sono?/ Che ora è?*
Wo ist ...?	*Dov'è ...?*
Wie weit ist ...?	*A che distanza si trova ...?*
Ist das der Weg nach ...?	*È questa la strada per ...?*
Nord/Süd/West/Ost	*nord/sud/ovest/est*
Ich möchte ...	*Vorrei ...*
Die Rechnung, bitte!	*Il conto, per favore!*
Restaurant	*ristorante*
Auto	*macchina*
Tankstelle	*stazione di servizio*
Benzin (bleifrei)/ Super/ Diesel	*benzina (senza piombo)/super/ Diesel (gasolio)*
Panne	*guasto*
Hilfe!	*Aiuto!*
Fahrrad	*bicicletta*
Hauptbahnhof	*stazione centrale*
Busbahnhof	*stazione autolinee*
Flughafen	*aeroporto*
Ausweis	*documento*
Bank/Geldautomat	*banca/bancomat*
Arzt	*medico*
Apotheke	*farmacia*
Lebensmittelgeschäft	*negozio di alimentari*
Tourismusbüro	*ufficio per il turismo*

Wochentage

Montag/Dienstag	*lunedì/martedì*
Mittwoch	*mercoledì*
Donnerstag	*giovedì*
Freitag/Samstag	*venerdì/sabato*
Sonntag	*domenica*

Monate

Januar/Februar	*gennaio/febbraio*
März/April	*marzo/aprile*
Mai/Juni	*maggio/giugno*
Juli/August	*luglio/agosto*
September/Oktober	*settembre/ottobre*
November	*novembre*
Dezember	*dicembre*

Zahlen

1	*uno*	8	*otto*
2	*due*	9	*nove*
3	*tre*	10	*dieci*
4	*quattro*	11	*undici*
5	*cinque*	12	*dodici*
6	*sei*	100	*cento*
7	*sette*	1000	*mille*

Hinweise zur Aussprache

c,-cc	vor ›e‹ und ›i‹ wie ›tsch‹, Bsp.: ciao; sonst wie ›k‹, Bsp.: come
ch,-cch	wie ›k‹, Bsp.: che, chilo
g,-gg	vor ›e‹ und ›i‹ wie ›dsch‹, Bsp.: gente; sonst wie ›g‹, Bsp.: gola
gli	wie ›Lilie‹, Bsp.: figlio
gn	wie ›Cognac‹, Bsp.: bagno
sc	vor ›e‹ und ›i‹ wie ›sch‹, Bsp.: sciopero; sonst wie ›sk‹, Bsp.: scala
sch	wie ›sk‹, Bsp.: Ischia
sci	vor ›a, o, u‹ wie ›sch‹, Bsp.: lasciare
z	wie ›ds‹, Bsp.: zuppa

Register

A

Acquedotto Mediceo di Pisa, San Giuliano Terme 145
Agriturismo 30, 181
Alighieri, Dante 107
Alkohol 172, 177
Anreise und Einreise 171
Antica Macelleria Cecchini, Panzano 85
Apotheken 175
Archäologischer Park, Roselle 42
Archäologisches Areal, Fiesole 80
Arezzo 27, 158
– Antiquitätenmarkt 27
– Basilica di San Francesco 159
– Casa di Giorgio Vasari 162
– Cattedrale dei Santi Donato e Pietro 161
– Museo Archeologico 162
– Museo Statale d'Arte Medievale e Moderna 162
– Piazza Grande 159
– Pieve di Santa Maria 161
– San Domenico 161
Arno 66
Auditore, Ezio 31
Auto und Straßenverkehr 171

B

Bagni di Lucca 151
Bahn und Bus 171, 182
Bandino Baroncelli, Bernardo di 49
Banken 173
Barrierefreies Reisen 172
Beach Clubs 28, 34
Benigni, Roberto 159
Boccaccio, Giovanni 110
Brancaia, Radda in Chianti 86
Brunello di Montalcino 83
Bus- und Bahnverkehr 182

C

Calcio Storico 40
Camaldoli 167
Camminamento Medievale, Radda in Chianti 86
Camping 180
Carrara 130
Carta fiorentina/Marmorpapier 27
Casa del Boccaccio, Certaldo 111
Casa Natale di Leonardo da Vinci 89
Cascina 153
Castellina in Chianti 53, 55, 87
Castello Banfi, Montalcino 117
Castello dei Conti Guidi, Poppi 167
Castello dell'Imperatore, Prato 82
Castello di Brolio 57
Castello di Volpaia, Radda in Chianti 86
Castelnuovo Berardenga 57
Castiglioncello 34
Castiglione della Pescaia 35, 126
Cattedrale di San Secondiano, Chiusi 116
Cattedrale Santo Stefano, Prato 38, 82
Cava 177, Carrara 131
Centro per L'Arte Contemporanea Luigi Pecci, Prato 82
Certaldo 110
Certosa di Pisa, San Giuliano Terme 145
Chianti 53, 64, 87
Chiantigiana 52
Chiantiwein 52, 57, 83
Chiesa di San Salvatore, Castellina in Chianti 88
Chiesa di Santa Maria, Panzano 85
Chimäre von Arezzo 43
Chiusi 42, 115
Cittàslow, San Miniato 112
Colle di Val d'Elsa 109
Convento di San Francesco, Fiesole 81
Cortona 163

D

D'Ascanio, Corradino 50
David, Skulptur von Michelangelo 39, 74
Demidoff-Tempel, Bagni di Lucca 152
Diplomatische Vertretungen 173
Donatello 38
Duomo di Sant'Andrea, Carrara 131
Duomo, Pistoia 38, 91
Duomo San Francesco di Assisi, Livorno 127
Duomo San Lorenzo, Grosseto 125
Duomo Santa Maria Assunta, Pienza 118
Duomo Santa Maria, Cortona 165

E

EC-Karten 173
Einreise und Dokumente 171
Elba 122
Empoli 38, 88
Enoteca della Fortezza, Elba 122
Ermäßigungen für Familien 29
Essen mit Kindern 30
Essenszeiten 30
Etrusker 21, 42, 115

F

Feiertage 173
Ferienwohnungen 181
Ferragosto 19, 32
Festivals und Events 174
Fiesole 79
Florenz 19, 21, 26, 44, 52, 64, 66
– Acqua Alta 44
– Archäologisches Museum 42
– Basilica di San Lorenzo 72
– Basilica di Santa Croce 75
– Basilica Santa Maria Novella 72
– Cattedrale di Santa Maria del Fiore 69
– Corridoio Vasariano/Vasarikorridor 37

- Fontane dei Mostri Marini 75
- Galleria degli Uffizi 37, 67
- Galleria dell'Accademia 39, 74
- Giardino dei Semplici 74
- Giardino di Boboli 31, 78
- L'Orologio 93
- Mercato Centrale 72
- Museo di San Marco 74
- Museo Ebraico 75
- Museo Nazionale del Bargello 69
- Museo Zoologico La Specola 31, 77
- Officina Profumo-Farmaceutica di Santa Maria Novella 76
- Palazzo Medici-Riccardi 72
- Palazzo Pitti 31, 44, 77
- Piazza della Repubblica 31
- Piazza della Signoria 68
- Piazzale Michelangelo 78
- Ponte Vecchio 37, 77
- Santa Maria del Fiore 48
- Santa Maria Novella 31
- Uffizien 37, 67
- Vivoli 76

Flugzeug 171
Fondazione Cerratelli, San Giuliano Terme 144
Fontana del Gigante, Carrara 131
Forma squadrata con taglio, Prato 82
Forte dei Marmi 19, 34, 129
Fortezza, Montalcino 117
Fortezza Vecchia, Livorno 127
Francesca, Piero della 38, 160, 166
Führerschein und Papiere 172
Fundbüro 173
Funicolare di Montecatini Terme 91

G

Gaiole 55, 56
Garfagnana 129
Garibaldi, Giuseppe 44
Gastone, Gian 39
Geld und Währung 173
Geschichte 42, 184
Gesundheit 175
Giotto 48
Golf 178
Golfo della Biodola, Elba 122
Greti 52
Greve in Chianti 27, 52, 53, 83
Grosseto 124
Grotta del Vento 153

H

Haring, Keith 141
Haustiere 175
Hotels 180, 181

I

Il Fortino, Forte dei Marmi 130
Information 175
Internet 179

K

Klima 175, 176
Königreich Italien 44
Kosten im Urlaub 173
Kulinarische Spezialitäten 73

L

Labirinto di Porsenna, Chiusi 116
Laghetto Traversari, Camaldoli 167
Lago di Massaciuccoli 129
Lederwaren 26
Leonardo da Vinci 89
Lippi, Filippo 38
Livorno 38, 47, 127
Lucca 21, 146
- Basilica di San Frediano 150
- Casa Natale di Puccini 149
- Duomo San Martino 147
- Museo Nazionale della Villa Guinigi 151
- Museo Nazionale di Palazzo Mansi 149
- Palazzo Bernardini 148
- Palazzo Pfanner 150
- Piazza dell'Anfiteatro 150
- San Giovanni 147
- San Michele in Foro 149
- Santa Maria dei Servi 148
- Santa Maria Forisportam 148
- Stadtwall 149
- Torre Guinigi 149

Lungomare Forte dei Marmi 130

M

Macchiaioli 35
Macelleria Falorni, Greve in Chianti 84
Massa 129
Medici, Cosimo de' (der Alte) 43
Medici, Cosimo I. de' 67, 69
Medici, Francesco de' 67
Medici, Giuliano de' 48
Medici, Lorenzo de' (der Prächtige) 37, 39, 48
Mercato Centrale, Livorno 128
Mercato di Forte dei Marmi 130
Mercato di Grosseto 125
Michelangelo, Buonarroti 37, 39, 74
Monastero di Camaldoli 167
Montalcino 116
Monte Argentario 123
Monte Capanne, Elba 122
Montecatini Terme 90
Montepulciano 113
Monte Serra, San Giuliano Terme 145
Museo Archeologico, Colle di Val d'Elsa 109
Museo archeologico della Linguella, Elba 122
Museo archeologico, Grosseto 125
Museo Bandini, Fiesole 80
Museo Civico, San Gimignano 107
Museo Civico, Sansepolcro 166
Museo del Cristallo, Colle di Val d'Elsa 109
Museo della Accademia Etrusca e della Città di Cortona (MAEC) 165
Museo della Collegiata di Sant'Andrea, Empoli 88
Museo del Marmo, Carrara 131

Museo del Tessuto, Prato 82
Museo del Vetro, Empoli 88
Museo di Montalcino 117
Museo Diocesano, Cortona 165
Museo Leonardiano, Vinci 90
Museo Nazionale Etrusco e Tombe, Chiusi 115
Museo Piaggio, Pontedera 154
Museumseintritt für Familien 29

N

Nachtleben 176
Notfall 176

O

Öffnungszeiten 176
Oltrarno 26, 77
Ornellaia 83

P

Palazzina dei Mulini, Elba 122
Palazzo Comunale, Cortona 163
Palazzo Contucci, Montepulciano 114
Palazzo dei Priori 94
Palazzo del Podestà, Raddain Chianti 86
Palazzo Pretorio, Certaldo 111
– Palio di Siena 98
Panzano 54, 85
Pappardelle 25
Parco di Pinocchio, Collodi 91
Parco Naturale della Maremma 124
Parco Naturale di Monte San Michele 85
Parken 172
Passeggiata Elizabeth Barrett e Robert Browning, Bagni di Lucca 152
Pazzi-Verschwörung 48
Pensionen 181
Piaggio, Enrico 50, 154
Piazza Comunale, Pienza 118
Piazza Dante, Grosseto 125
Piazza Grande, Montepulciano 114
Pienza 118
Pieve di San Giovanni e Santa Maria Assunta, Cascina 154
Pisa 21, 136
– Baptisterium 138
– Camposanto Monumentale 138
– Chiesa di San Paolo a Ripa d'Arno 141
– Dom/Duomo 138
– Museo dell'Opera del Duomo 140
– Orto Botanico 39, 140
– Palazzo dell'Orologio 141
– Palazzo Gambacorti 143
– Ponte di Mezzo 143
– Santa Maria della Spina 142
– Schiefer Turm 29, 134, 137
– Tuttomondo, Graffito von Keith Haring 141
Pisano, Nicola 100
Pistoia 38, 91
Pius II., Papst 118
Politik 47
Poliziano, Angelo 49
Ponte Campana, Colle di Val d'Elsa 110
Ponte del Diavolo, Borgo a Mozzano 152
Ponte delle Catene, Loc. Fornali 152
Pontedera 154
Poppi 166
Porta Nova, Colle di Val d'Elsa 110
Porto Ercole, Monte Argentario 123
Post 177
Prato 38, 81
Produktpiraterie 45
Puccini, Giacomo 149

R

Radda in Chianti 27, 55, 56, 86
Radfahren 178
Rauchen 177
Reisezeit 18, 175
Reiten 178
Renaissance 21, 36
Renzi, Matteo 46
Riario, Girolamo 48
Ricasoli, Bettino 57
Rinascimento/ Renaissance 44
Riserva naturale Diaccia Botrona 126
Risorgimento 44
Rocca, Castellina in Chianti 87
Rocca, Castiglione della Pescaia 126
Rocca di Montestaffoli, San Gimignano 108
Rocca Federiciana, San Miniato 112
Rundreisen mit Motorroller 51

S

San Gimignano 95, 106
– Duomo Santa Maria Assunta 107
– Gelateria Dondoli 107
– Museo Civico 107
– Museo del Vino Vernaccia 109
– Piazza della Cisterna 108
– Rocca di Montestaffoli 108
– San Gimignano 1300 108
– Torre del Diavolo 108
– Torre Grossa 107
San Giuliano Terme 144
San Gusmè 57
San Miniato 112
Sansepolcro 165
Sante Maria delle Grazie al Calcinaio, bei Cortona 165
Sant'Erasmo, Monte Argentario 124
San Vincenzo 35
Sassicaia 83
Saturnia 21
Sicherheit 177
Siena 21, 27, 56
– Antica Drogheria Manganelli 103
– Pasticceria Nannini 103
– Piccolomini-Altar 38, 100
– Torre del Mangia 38, 99
Sistema Museale, San Miniato 113
Souvenirs 27, 177
Sport 178

Sprachführer 185
Städteurlaub 21
Strada in Chianti 52
Strände 28
Strom 179

Tanken 172
Taxi 183
Telefon 179
Tempolimits 172
Terme Tettuccio, Montecatini Terme 90
Terre di Piero, Kunstreiseweg 166
Tombolo di Feniglia, Monte Argentario 124
Torre Matilde, Viareggio 128
Toskanische Küche 22
Trinkgeld 179

Übernachten 29, 57, 92, 119, 132, 155, 168, 180
Ugolino Firenze 52, 179
Umgangsformen 181
UNESCO-Weltkulturerbe 116, 118
Unfall 172
Urlaub auf dem Bauernhof 181
Urlaubskasse 28

V

Vada 34
Val d'Orcia 116
Vasari, Giorgio 38, 162
Venezia Nuova, Livorno 127
Verkehrsmittel im Land 182
Verkehrsvorschriften 172
Vermentino 83
Verrazzano, Giovanni da 53
Vespa 50, 154
Vetulonia 35, 42, 127
Via delle Volte, Castellina in Chianti 88
Viale Italia, Livorno 127
Viareggio 19, 128
Villa Puccini, Torre del Lago 129
Vinci 89
Vinci, Leonardo da 37, 49, 89
Vittorio Emanuele II. 44
Volterra 42, 104
– Museo Guarnacci 105
– Palazzo Minucci Solaini 105
– Piazza dei Priori 105
– Porta all'Arco 105

W

Wandern 20, 178
Wassersport 179
Wein 20, 22, 24, 27, 53, 55, 56
Weine der Toskana 83
Wintersport 179

Zollbestimmungen 183

Bildnachweis

Titel: San Gimignano im Val d'Elsa, Foto: **Huber Images** (Luigi Vaccarella)
Rücktitel: stock.adobe.com: bill_17

Alamy Stock Photo: Granger Historical Picture Archive 45; **AWL Images:** M. Bottigelli 12/13; M. Sykes 76; M. Falzone 123; P. Adams 158/159 – **Fotolia:** S. Wolff 90 – **Gemeinfrei:** 157.2, 160, 162 – **Getty Images:** Garden Photo World/Georgianna Lane 27; T. Clayton – Corbis 30; L. Lezza 47; J. Greuel 95 – **Glow Images:** 61.2, 154 – **Huber Images:** P. Evangelista 2/3; G. Cozzi 6.1, 80/81, 116/117; L. Da Ros 14/15; S. Kremer 16/17, 44, 50; S. Amantini 35; R. Massimo 113 – **imago stock&people:** 62.3 – **Jahreszeiten Verlag:** P. Koschel 4.2, 63.1, 121.3, 131; I. Pacini 60.2, 65.2, 65.3, 72, 78, 177; P. Canali 68/69 – **laif:** A. Hub 3.1, 84, 180; R. Mattes/hemis.fr 38; P. Hahn 62.1; F. Heuer 133 – **Look Photos:** F. M. Frei 28; R. Harding 63.3 – **mauritius images:** M. Lange 24; robertharding/C. Morucchio 26; D. Renckhoff/Alamy 33; SuperStock 38; C. Lux 39; robertharding/J. Elliott 40; D. Vasilescu/Alamy 41; sanzen/Alamy 46; J. Peral/age fotostock 63.2; J. A. Moreno Castellano/image-BROKER 79; MARKA/Alamy 89; C. Webb/Alamy 93; V. Arcomano/Alamy 111; Zoonar/Alamy 125; S. P. Markovina/Alamy 136/137; A. Ramsay/Alamy 140/141; M. Toccaceli/Alamy 163 – **seasons.agency:** Jalag/I. Pacini 5.2, 49; Teubner für GuU, Christian 25; L. Spörl 62.2; D. Borges 6.2, 121.1 – **Shutterstock.com:** D. Fiore 4.2, 19; JeniFoto 8/9; S. Borisov 9.1; N. Vinokurov 5.1, 7, 65.1; StevanZZ 10/11, 11; Tupungato 18, 22; vvoe 21; U. Ferrara 23, B. Kinney 31; poludziber 32; Balate Dorin 34; arkanto 42; P. Trovo 43; ermess 51; S. Dannhauer 52; C. G. Colombo 54, 55; F. Selivanov 60.1, 139; robertonencini 61.1, 129; Mor65_Mauro Piccardi 61.3; M. Golovianko 66/67; AS Food studio 73; Prakich Treetasayuth 74; S. Burel 96/97; E. Galeotti 98/99; leoks 104; Tombor Szabina 105; canadastock 106/107, 108; M. Kotula 114/115; robertonencini 121.2; W. Spiess 126; Beer Pintusan 135; Nick_Nick 138, 192.2; A. Muraca 143; milosk50 146/147; DaLiu 150; Panaccione Robertino 157.1; M. Czekajewski 157.3, 164; hipproductions 178; Santanor 182; C. Mueller 192.1 – **stock.adobe.com:** Danuta 2; Alessio 3.2; GiorgioMorara 9.2; reesurf 20; vvoe 4.1, 36; S. Fancellu 5.1, 29; waku 48; salita2010 56; zenitfotovideo.it 57; Andreaphoto 144/145

Markenlizenz der ADAC Medien und Reise GmbH, München

ISBN 978-3-95689-904-1

2., unveränderte Auflage 2024

Autor: Stefan Maiwald
Redaktion: Juliane Helf, Susanne Kronester-Ritter
Lektorat: Rosemarie Elsner
Satz: Nadine Thiel, kreativsatz
Bildredaktion: Dr. Nafsika Mylona
Reihengestaltung: Eva Stadler, München; Independent Medien Design, Horst Moser, München
Kartografie: Kunth Verlag GmbH & Co. KG, München, Huber Kartographie GmbH, www.kartographie.de
Herstellung: Felix Robitsch, Mendy Willerich
Druck und Bindung: Drukarnia Dimograf Sp z o.o. (Polen)

Ein Unternehmen der
GANSKE VERLAGSGRUPPE

Wichtiger Hinweis
Die Daten und Fakten für dieses Werk wurden mit äußerster Sorgfalt recherchiert und geprüft. Wir weisen jedoch darauf hin, dass diese Angaben häufig Veränderungen unterworfen sind und inhaltliche Fehler oder Auslassungen nicht völlig auszuschließen sind. Für eventuelle Fehler oder Auslassungen können Gräfe und Unzer, die ADAC Medien und Reise GmbH sowie deren Mitarbeiter und die Autoren keinerlei Verpflichtung und Haftung übernehmen. Alle Inhalte im Buch wenden sich an und gelten für alle Geschlechter (w/m/d). Soweit grammatikalisch männliche, weibliche oder neutrale Personenbezeichnungen verwendet werden, dient dies allein der besseren Lesbarkeit.

Ansprechpartner für den Anzeigenverkauf:
KV Kommunalverlag GmbH & Co. KG, MediaCenter München, Tel. 089/928 09 60

Bei Interesse an maßgeschneiderten B2B-Produkten:
b2b-kontakt@graefe-und-unzer.de

Leserservice
GRÄFE UND UNZER Verlag
Grillparzerstraße 12
81675 München
www.graefe-und-unzer.de

Umwelthinweis
Nachhaltigkeit ist uns sehr wichtig. Der Rohstoff Papier ist in der Buchproduktion hierfür von entscheidender Bedeutung. Daher ist dieses Buch auf PEFC-zertifiziertem Papier gedruckt. PEFC garantiert, dass ökologische, soziale und ökonomische Aspekte in der Verarbeitungskette unabhängig überwacht werden und lückenlos nachvollziehbar sind.

Unterwegs in der Toskana

Spaziergänge

Die meisten Städte und Orte sind klein genug, um bequem zu Fuß erkundet zu werden. Das gilt selbst für die Hauptstadt Florenz.

Parken

Die historischen Innenstädte sind fast überall für Autos gesperrt, die ZTL-Zonen (eingeschränkte Verkehrszone nur für Anwohner) videoüberwacht, die Strafen sind empfindlich. Hotelgäste dürfen aber oft bis zum Hotel fahren.

■ Details auf S. 172

Küsten-Radeln

Ein Paradies für Radfahrer sind Küstenorte wie Forte dei Marmi. Hier gibt es kilometerlange, sichere Radwege über flaches Gelände. Auch E-Bikes finden sich mittlerweile überall. Und in den Städten werden immer mehr Radwege gebaut, fast jedes Hotel stellt seinen Gästen Fahrräder zur Verfügung.

Hallo Taxi!

Taxis werden in Italien nicht per Handzeichen angehalten – man muss direkt zu einem Taxistand gehen oder telefonisch bzw. via App vorbestellen. Taxistände befinden sich meist an größeren Plätzen sowie bei Bus- und Zugbahnhöfen.

■ www.apptaxi.it

Barrierefreies Reisen

Florenz gilt mit seinen abgeflachten Bordsteinen und den guten Zugängen als vorbildlich. Auch Lucca und Pisa lassen sich weitgehend barrierefrei erkunden. Zudem gibt es auch vielerorts zentrumsnahe Parkplätze für Menschen mit Handicap.

Reisen in Corona-Zeiten

Liebe Leserin, lieber Leser, durch die langen pandemiebedingten Einschränkungen im Hotel- und Gastronomiegewerbe können wir nicht ausschließen, dass einige der im Buch empfohlenen Adressen zum Zeitpunkt Ihrer Reise nicht mehr aktuell sind. Wenn Sie trotz unserer Bemühungen um Aktualität eine solche Adresse finden, teilen Sie uns diese bitte mit. Wir belohnen jede in die nächste Auflage aufgenommene Korrektur mit **einem kostenlosen Reiseführer Ihrer Wahl**. Zuschriften bitte an: adac@graefe-und-unzer.de